DIALOGUE BOOKS

スクリプトドクターのプレゼンテーション術

三宅隆太

スモール出版

本書は脚本家・映画監督・スクリプトドクターである、三宅隆太によるプレゼンテーション術です。

ＴＢＳラジオで放送されているカルチャープログラム『ライムスター宇多丸のウィークエンド・シャッフル』、通称『タマフル』でさまざまな特集をプレゼンしてきた三宅隆太が、その経験をもとに、「ひとに想いを伝える」という行為の本質を語り尽くす、一風変わった講義の記録。

２０１７年4月30日の日曜日。東京・下北沢にある「本屋 Ｂ＆Ｂ」にて、午後2時から、およそ3時間にわたってお送りしたその全容を、書籍用に再編集してお送りします。

なぜあなたは、プレゼンを難しいと感じてしまうのか？

２０１７年4月30日（日）14時　下北沢ブックカフェ「本屋 Ｂ＆Ｂ」。

本棚に囲まれた、およそ60名ぶんの座席は満席。

10代から50代まで、男女半々のお客さんが開幕を待ち構えている。

正面には客席と同じ高さにステージがあり、背面にはプロジェクター用のスクリーンがある。


（参加者の拍手に迎えられ、三宅が登壇する）

三宅　おはようございます。よろしくお願いいたします。本日はこんなに大勢の方にお越しいただきまして、本当にありがとうございます。どうぞ最後まで楽しんでいってください。
さて、何からいきましょうか。……あ、まず皆さんにひとつ質問をしてもいいですか？　この中で、ＴＢＳラジオの番組『ライムスター宇多丸《うたまる》のウィークエンド・シャッフル』（*1）、通称『タマフル』を聴いたことがない、という方はいらっしゃいますか？

（挙手なし）

分かりました。じゃあ、皆さん『タマフル』のことはご存じということで。今日はそのタマフルの話題がいろいろと出てきます。

もうひとつ、質問いいですか？　ぼくのことをご存じないという方はいらっしゃいますか？

（挙手なし）

まぁ、いても挙《あ》げにくいですよね、こんな風に本人から訊かれたらね（笑）。

では、皆さんぼくのことはご存じということなので、細かい自己紹介は割愛させていただいて、早速本題に入りたいと思います。今日のテーマは「プレゼンテーション術」ということなんですけど、実はぼく、プレゼンの専門家ではないんです。

ぼくの本業は映画やテレビドラマの脚本を書いたり監督をしたりすることで、他にもスクリプトドクターといって脚本のお医者さん的な仕事もしています。それとかれこれ17〜18年くらいになりますかね、大学や脚本学校で教鞭《きょうべん》を執《と》っています。ここ何年かは心理カウンセラーの仕事もしています。……あ、あと『タマフル』的な立ち位置としては、「ブルボンのお菓子愛好家のブルボニスト」とか、「入浴剤ソムリエ」とか、「ぬいぐるみの伝道師・ぬい＝グル」とかですね（笑）。

まぁ、それは半分冗談ですが。いずれにしても、映画に関することを中心にいろいろな仕事をしているわけですが、書店に数多《あまた》あるプレゼンテーション術の書籍を著《あらわ》されている方々のような「ビジネス書の専門家」ではないんですね。

そんなぼくがなぜ、プレゼンテーションに関する本を出版するのか、あるいはそういった内容に則した今回のような講義をやらせていただくのかというのは、実は先ほど申し上げた『タマフル』というラジオ番組と関係があります。

およそ10年近く『タマフル』に出演させていただいているんですが、番組内でのぼくのプレゼンといいますか、おしゃべりをですね、面白いと言ってくださる方がありがたいことにとても多くいらっしゃって、「一体どういう風に考えて、どういう風にしゃべってるんですか？」みたいなことを頻繁《ひんぱん》に訊かれるんですね。

『タマフル』では「スクリプトドクター特集」に始まって、本業の映画やテレビドラマの作劇術に関する話もさせていただくんですが、他にも趣味の延長線上で「入浴剤特集」だったり「ぬいぐるみ特集」だったりといったものも担当させていただきました。そういう一風変わった内容の話をしてきた中で「どの題材でも外れがないのは何故《なぜ》？」とか「どうしていろんなネタをあんなに論理的に説明できるのか？」みたいなことを、本当にありがたいことなんですが、よくおっしゃっていただくんです。

まぁ、実は自分では、自分のしゃべりをあまり論理的だとは感じていないんですが、少なくとも独特な話題や少し変わった角度から見た「物の解釈」を「分かりやすくお伝えする」ということは、それなりにできているようなんです。

では、それはどうしてなのか？　ということなんですけども、おそらくは普段ぼくが講師として脚本学校や大学などで授業をしていたり、監督として若手の俳優に演技指導をしたり、あるいはスクリプトドクターとしてプロデューサーや脚本家に対してアドバイスをしたり、カウンセラーとしてクライアントと向き合ってきたり、そういった「対面援助」にまつわる仕事をしてきたことと通底している部分があるのかもしれないな、と思うところがありまして。

なので「プレゼンテーション術」と銘打ってはいるんですが、いわゆるビジネスシーンでのプレゼンだけではない、もう少し汎用性のあるものとして、皆さんの生活の中に何かしらフィードバックできる要素や考え方、アプローチなどがあればと、そういう思いがあって、担当させていただくことになりました。

ところで、この中でプレゼンが得意だという方はどのくらいいらっしゃいますか？

（誰も挙手せず、中にはうつむくひとや、周囲の様子をうかがうひとの姿もある）

まぁ……いても挙げられないよ、っていう空気ですよね（笑）。では、プレゼンが難しいと感じている方は、どのくらいいらっしゃいますか？

（全員が挙手する）

分かりました。では、なぜプレゼンは難しいのか、あるいは難しいと感じてしまうのか。まずはそこから考えてみましょう。

ひょっとしてなんですが、プレゼンというのは何か特殊な技術が必要なもの、というイメージが皆さんの中にあるのではないでしょうか？

（頷くひと多数）

なるほど。やっぱりそうなんですよね。ぼくはこの点を、つまり「プレゼンとは難易度の高い特殊技術である」という点について、まずは考え直していかないと、疑ってかからないと、今日の話は始まらないんじゃないかと思ってるんです。つまり、「プレゼンってそもそも何なの？」ということなんですけど。（三宅、ふいに参加者の知人を指名する）稲野《いなの》さん、プレゼンとは、何でしょうか？

稲野　……え、プレゼンですか⁉　自分の思いを相手に伝えること……？

三宅　プレゼンとは思いを相手に伝える作業ではないかということですね。なるほど。（三宅、今度は舞台袖にいた『タマフル』の構成作家・古川耕《ふるかわこう》（★2）さんを指名し）それでは古川さん、プレゼンとは何なんですかね？

古川　うーん……自分の思いをひとに伝えることですかね（笑）。

（会場に笑いが起こる）

三宅　なるほど。いまのはいわゆる「かぶせ」というやつですね（笑）。さすが構成作家！　いまおふたりは「プレゼンとは、自らの思いを他人に伝えることである」とおっしゃいました。ぼくもそうだと思いますし、実際それがきっと正解なのでしょう。でも、実はいまぼくが一番訊きたかったことは、何だったのかということですね。稲野さん、いま、ぼくがいきなり質問したことでドキッとしませんでしたか？

稲野　しました。

三宅　古川さん、ドキッとしませんでしたか？

古川　大変しました。

三宅　そうですよね。ごめんなさい、おふたりとも。いきなり指名してしまって。でも稲野さんにしても古川さんにしても、ぼくとは面識がある。普段から付き合いがある。この場だけの関係ではなくて、一緒にご飯を食べに行ったりもするわけですよね？　稲野さん、ぼくと普段話しているときにはドキッとしますか？

稲野　しないです。

三宅　古川さんは？

古川　しません。

三宅　しないですよね。なのに、いまはドキッとしてしまった……。さぁ、これは一体何だろうということなんです。普段だと平気なのに、いまこの場の、この状況下で突然指名されると、なぜドキッとしてしまうのか？　だって指名したのは彼らにとって知り合いである、ぼくなんですよ？　ぼくのことを今日初めてご覧になるという方も会場にはいらっしゃると思うんですけど、少なくともいまのおふたりはそうじゃない。だったらドキッとする必要なんてないはずなんです。でも、してしまう。さて、これは一体何なんでしょう？　なぜこんなことが起きてしまうんでしょうか？

実はここに、プレゼンというものを多くのひとが「難しいと感じてしまう」、あるいは、プレゼンとは「特殊技術で難しいものである、とされている」誤解の原因や秘密が隠されているのではないかと思うんです。実際、いまのおふたりは、ぼくが指名したことで、急遽《きゅうきょ》プレゼンを強《し》いられたような、そんな感覚に陥ってしまったんじゃないでしょうか？

実は、プレゼンが苦手だと感じている方の多くが、「プレゼンという場」に立たされることで、目の前にいる相手に、つまり「聴き手」に意識を向けるのではなく、「伝え手」であるべき自分に意識を向けてしまうのではないか。自分が置かれたシチュエーションや状況のせいで平常心を失い、「失敗したらどうしよう」「間違ったことを言ってしまわないだろうか」あるいは「恥をかきたくない」といった具合に、反射的な思考に陥ってしまうのではないか。

つまりは「自意識」が発動してしまうのではないかと思うんです。

パワーポイントの図面はこう描くべきだ、スピーチの内容はこれこれこういう順番で構成すべきだ、あるいは聴き手の集中力を上げるために、話し手は自分の手や腕の角度を何十度に保つべきだ。そういったマニュアルは誰でもすぐにまねができますし、即効性があって便利だとは思います。しかし、先ほど指名したおふたりが抱えたような緊張感が、プレゼンという「場」の影響で多くのひとの心の中に芽生えてしまうのだとしたら、まずはその問題をこそ解消しなければ、本質的にはプレゼンテーション術は向上しないんじゃないか、プレゼンへの苦手意識は克服できないんじゃないか、と個人的には考えています。

そこで今日はこの辺りの話題を、つまりプレゼンの「カタチ」の部分ではなく「キモチ」の部分についての話題を中心に講義を進めていきたいと思っています。もちろん『タマフル』の話題もたくさん出てきますが、もっと根源的な、皆さんにとって、日々の生活の中に取り入れられるような、何らかの実りある時間にできたらいいな、と願っています。

それでは「スクリプトドクターのプレゼンテーション術」。早速、スタートします！

【注】

*1……『ライムスター宇多丸のウィークエンド・シャッフル』　２００７年４月７日に放送が始まったＴＢＳラジオの番組。毎週土曜日の22時より生放送中。通称『タマフル』（「ライムスター宇多丸」の「タマ」と「ウィークエンド・シャッフル」の「フル」を繋げた略称）。パーソナリティの宇多丸は、１９８９年にヒップホップグループ「RHYMESTER」を結成し、日本語ラップの黎明期よりシーンを牽引するラッパー。映画評論やアイドルソング評論、ラジオパーソナリティ、ＴＶコメンテーター、文筆家などとしても幅広く活躍中。

*2……古川耕　ライター、放送作家。『ライムスター宇多丸のウィークエンド・シャッフル』『ジェーン・スー 生活は踊る』（共にＴＢＳラジオ）などの構成作家を務める他、アニメやコミック関連書籍の制作、文房具ライターとしても活躍。本書のシリーズ「DIALOGUE BOOKS」の企画・編集も担当している。

もくじ

第１部

プレゼンとは対話である

プレゼンは日々の生活の延長線上にある

先ほど「プレゼンは伝えること」だという話になりました。この「伝える」ということに関していえば、必ずしもプレゼンだけのことではないですよね。日常の中にいくらでも出てくるはずです。

家族や友だちや恋人、あるいは上司や部下とのやりとり、学校の先生や仕事上の得意先の方々とのやりとり……。何も親しい関係のひとだけじゃありません。通りすがりのひとに道を尋ねるときとか、逆に道を尋ねられたときなんかにも「伝える」という要素はついて回ります。

と同時に、もうひとつぼくが気になるのは「伝えること」がプレゼンの本質なのであれば、「プレゼンは一方通行ではなく、対話である（はず）」だということです。普段生活されている中で、皆さんは誰かと対話している時間を「プレゼン」だとは認識していないかもしれませんが、相手に思いを伝えることとイコールなのであれば、プレゼンは誰もが日々行っていて、生活の延長線上にあるものなのではないでしょうか？

ところが、「いわゆるプレゼンテーション」としてのイベントであったり、いまのこの場みたいな環境が作られてしまうと、途端に一方通行になってしまう。「対話」という意識を切り離して考えてしまう。あるいは考えてしまいがちである。

とりわけ仕事でプレゼンテーションをするときというのは、どうにも一方通行になりがちなんじゃないでしょうか？　これはおそらく「発表者がいて聴衆がいる」というプレゼンテーションの「場が持つ構造」が、そうさせてしまうんじゃないか？　そのせいでプレゼンする側が過度に緊張し、アガってしまい、平常心を失ってしまう。つまりは、「そのひとらしくない」「ありのままじゃない」状態に陥ってしまうのではないかと思うんです。

日頃は普通に対話をできているひとができなくなってしまっているんだとしたら、これは、あまりにもったいない話ですよね。

プレゼンは人数に関係なく「対話」である

少し極端かもしれませんけど、ぼくは「1対1」のやりとりだけでなく、いわゆるザ・プレゼンテーションに特有な「1対多数」の状況ですら「対話」だと考えています。つまり、聴き手の人数に関係なく、プレゼンは一方通行のものではない、ということです。

この考え方自体が、ラジオを聴いていただいて「三宅のプレゼンは面白い」と言ってくださる方の「感じ方」のベースになっているのではないかと思うんです。

ところで、先ほど「人間は対話相手そのものよりも、シチュエーションから自意識を発動しやすい」とお伝えしました。ではそれを、どのように解消したらいいのか、ということをいまから考えてみましょう。

結論めいたことを言うと、「シチュエーションに惑わされずに、対話相手をよく見て、よく聴けば、解決する（はず）」だと、ぼくは思うわけです。こうして言葉にしてしまうと、なぁんだってな話なんですが、実はすごくシンプルだと思うんですよ。でもこのシンプルなことが、シチュエーションによってはやたらと難しく「なって」しまう。というよりも難しく「感じて」しまう。

この「感じ方」を何とかしましょう、ということですね。

思い込みが不安を生む

ではなぜ、対話相手をよく見て、よく聴けば解決するのかというと、そもそも対話の相手は自分とは別の人間だからです。

実際、あなたのプレゼンを聴いているお相手は、あなたとは別の人間であるはずです。そんなの当たり前だろ？　と思われるかもしれません。そして、これはさらに当たり前のことなんですけれど、あなたとは別の人間というのは、あなたとは別の心を持っている。ゆえに別のことを感じ、別のことを考えているわけです。

ですから当然、彼らが何を感じ、何を思っているのかなど、あなたには分かるはずがない。でも、それをどうにか分かりたいし、分かってもらいたい、と考えるのが人情というものですし、できることなら分かり合いたいと望むのも「ひとの常」だと思うけど、でも、分からない。分かるはずもない。

これが現実です。

ということは、相手のことを分かるためには、あるいは分かってもらいたいのであれば、彼らの様子をよく見なければいけない、よく聴かなければいけない。

なぜなら「思い込み」や「決めつけ」を生んでしまう危険性があるからです。これはつまり、「分かったつもり」になってしまうのではないかということです。

目の前にいるこのひとは、自分の話をつまらないと感じているみたいだ、自分の話には興味がないみたいだ……という風に「相手の内面で起きている（であろう）こと」を「そうに違いない」という風に考え始めてしまう。

プレゼンの場で発生しがちなこの手の感覚は、大抵の場合、実際に起きている出来事ではなく、単なる「思い込み」であり、「決めつけ」です。しかもプレゼンを苦手としているひとの多くが、プレゼンを開始して間もなく、つまり話し始めて数分で、そのような不安を感じて焦ってしまうというケースをよく耳にします。

プレゼンの主役は「する側」ではなく「される側」

プレゼン開始早々、聴衆が不機嫌そうに見える場合、ただ単に彼らは「いま聴いているプレゼンの話が、このあとどんな風に展開していくんだろう？」と考えている最中なのかもしれないし、まだ本題に入る前だとしたら、プレゼンターの意志を掴み切れていないので、心の中であれこれと探っているだけなのかもしれない。

これは無理もない話です。というか、当然といえば当然なわけです。今日はどんな話なんだろう？　どんなプレゼンを聴かせてもらえるんだろう？　そう思って参加しているひとたちは、プレゼンターがどんなアイデアを持ってその場に臨んでいるのか、どんな結論に導こうとしているのか、そのためにどんなプロセスを辿って話を進めようとしているのか。そんなことは知る由もありません。

例えば、プレゼン開始直後に「1」という要素について話していたとして、プレゼンターはそのあと「2」「3」「4」と進んで、最終的には「10」に言及するというプランだと考えながら話しているとします。つまり、いま話している「1」は「10」に繋がる布石なんだ、と。いま、この瞬間よりも未来の時間を想定して話してるんだ、と思っていたとしても、聴いている側はそんなことは知らない。いま、この瞬間に起きていることしか分からない。「1」が「10」のために用意された「1」だなんて考えようもない。だから「1」を聴いている「いま、ここ」の状態に反応するしかない。

ですから彼らには、プレゼンが始まって間もない段階で、プレゼンターが望むような「好意的な態度」を取らなければならない理由などないわけですし、場合によっては訝《いぶか》るような態度を取る自由もあるわけです。

最大の邪魔は「自意識」

そもそもプレゼンの主役はプレゼンをする側ではなく、プレゼンされる側です。プレゼンを苦手だと感じている方は、もしかしたら、ここに誤解があるのかもしれません。

聴き手に「伝えるべきこと」を伝える。伝わったことで聴き手は何かを得る。そして、可能であれば「伝わるプロセス自体」も楽しんでもらう。プレゼンターがすべき仕事は、実はただそれだけです。ものすごくシンプルな話なんです。

ところが、この割と単純なプロセスを、いざ実行しようとすると結構邪魔が入る。この邪魔は誰によるものかというと、目の前の相手ではなく、実はプレゼンター自身によって発生します。

つまり、「自意識」です。

この自意識というのは、一見すると相手への配慮のようですが、実は利己性によるものだとぼくは思います。違和感を覚えるひとがいるかもしれません。相手を楽しませるために、相手を飽きさせないために、と思って焦っているのに、どうして利己性だなんて言うんだ？　むしろ利他性だろう？　と。

こういう風に反応するひとは、利己性という言葉を「わがまま」とか「自分勝手」といったマイナスの意味合いに捉えているのかもしれません。しかし、だとしたらそれこそ「思い込み」です。

悪気があろうがなかろうが、自分の感情に溺れてしまう自意識というものは、やはり利己性の産物だとぼくは思うんです。自分勝手になってやろうと思っているのではなく、相手のために失敗してはいけないなと考える気持ちであっても、相手が他人である以上、何をどのように思っているのか分からないわけですから、本当の意味では「相手のこと」を、つまり「当人の心の中で起きていること」を「思っていること」にはならないはずです。

これは相手に対して抱いている感情が善意か悪意かといったこととは、一切何の関係もありません。仮に相手に尽くす気持ちがあったとしても、実際には相手の心が不在である以上、単に「自分がどう思っているか」に過ぎないからです。ここを勘違いするひとが、とても多いんですね。

むしろ「相手からこう思われたくない」とか「ああ思われたくない」というのが正直なところで、実際には自分のほうを向いてしまっている。でもそのことに気づかない。

つまりは「利己性」以外の何物でもないわけです。

プレゼンで焦ると、ついつい下を向きたくなるものです。用意してきた資料に目を落としてみたり、聴衆を全員ジャガイモだと思うようにして、十把一絡《じっぱひとから》げに捉えようとしてしまう。でも、それだとひとりひとり個別の存在であるはずの「対話相手」をよく見たり、聴いたりできなくなります。必然的に「いま、ここ」に実在する「彼ら＝聴衆」の様子は分からない。様子が分からない以上、彼らの心の中で起きていることなど分かるはずがありません。

実は「焦ったときほど、相手をよく見て、よく聴く」のが、良質なプレゼンをするための重要なコツじゃないかと思うんです。これは、ある種の利他性といっても良いかもしれません。

自分という主観に囚われることで、自分の感情に溺れることで、「いま、この瞬間に発生している相手の思いや感情」を決めつけたり、思い込んだりしていないかと疑う。そして偏見を捨て、怖がらずにきちんとじっくり相手の様子を見て、聴くように努める、ということが必要なのではないでしょうか。

いやいや、それが簡単じゃないから困っているんだよ！　というご意見もあるかと思うので、まずはこの厄介な「自意識」について掘り下げていきたいと思います。

すみませんね。最初からいきなりブルボンのお菓子の話じゃないんですよ（笑）。「この夏のおすすめは、バームロールの塩レモン味です」とかそういう話を期待していた方にはスミマセン。まぁ、あとでするかもしれませんけど（笑）。

緊張はしているけど、アガってはいない

『タマフル』のリスナーさんから「三宅さんはプレゼンがうまい」とか「三宅さんは話が上手だ」とか言っていただくことがあります。非常にありがたいと感じる一方で、実はちょっとした違和感も覚えています。

というのも、ぼくは元々対人恐怖症気味なところがあって、他人と話すのは大の苦手だから

です。こんな告白をすると、「ウソつけ。そんなわけないだろう」とよく言われます。他人と話すのが苦手なひとは、俳優やスタッフに指示出しをする映画監督なんて仕事はできないし、ラジオに出て「怪獣が倒れるシーン」(*1)がどうこうとか言わないだろうと(笑)。「超獣バキシムは諦めが早い」とか、そういう反射的なギャグは出てこないだろうと言われるんですけど、でも、そうなんです。事実なんですね。

確かに、対人恐怖症気味な性格……というか、そういう思考のプロセスや思考のクセみたいなものについては、自分なりの訓練を積むことで、ある程度は克服できました。実際、いまもこうやってベラベラとしゃべっているのは事実ですからね。

どんな訓練を積んだのかというと割と単純で、若い頃にバイトをいろいろやったわけです。どんなバイトかというと、自分が声を出さないと、思ってることを口に出さないと仕事が滞るタイプのバイトです。率先して、そういう職種ばかりを選ぶようにしました。

例えば、イベントの誘導係とか、結婚式の集合写真を撮るバイトとかですね。その手の仕事は自分から声を出さないと誰も動かないですし、状況も滞ります。自意識過剰になって相手を怖がっていると、話が進まないわけです。そんなバイトを繰り返しているうちに、いつの間にか対人恐怖症気味な性格は修正されていきました。

でも、実はいまでも緊張する場面は多々あるんです。ただ、アガることはあまりないかもしれません。緊張するのとアガるのは、微妙に違うことだと思っています。ぼくも緊張はします。というか、実はいまも緊張はしています。

（会場からは「えーっ」と懐疑的な反応）

いや、してますよ、緊張（笑）。でも、いまもしここにテレビカメラがあって、ぼくの手元に寄ってもらっても、つまりアップにしたとしても、おそらく震えたりはしていないと思います。それはアガっていないからです。「緊張はしているけれど、アガってはいない」。なんだか言葉遊びみたいに聴こえるかもしれませんね。この辺りの話題も、おいおい掘り下げていきましょう。おいおいと言いつつ、取りあえずいま、ひとつだけ言っておくと、ぼくは「あるシチュエーション」になると、未だにガクガクブルブルと震えがきます。つまりアガってしまう。本当にアガりにアガって、何を言っていいか分からなくなることがあります。先ほどのおふたりのように「ドキッとする状態」に陥ってしまうんですね。

それこそ「間違ったことを言ってはいけない」とか「どういう風に振る舞ったらいいんだろう……」みたいに不安になります。その思考のクセは未だにまったく解消されていません。

実際、結構な頻度で、特に仕事の場面でそういうことが起きることがあります。ぼくにとっての「特定のシチュエーション」というのがあるからなんですね。

こういった「特定のシチュエーション」というのは、多分皆さんにもおありだと思いますし、ひとりひとり個人差があるものだとも思います。

多くの場合、それらの原因は、何かしらの「過去の失敗」にあるんじゃないでしょうか。おそらくここにも「プレゼン＝対話への苦手意識」を克服するヒントがあると思うんです。

一方で、ちょっと結論めいたことを言うと、「過去の失敗は、それはそれで残しといてもいいんじゃないか」とぼくは思ってるんです。そのうえで、そういった「自分にとっての苦手意識」を刺激しないですむようなアプローチ、つまり苦手意識を中心としない対話や、苦手意識を中心としないプレゼンテーションのやり方を新たに見つけることができれば、おそらく「過去の失敗」は弱点にならなくなるんじゃないか。

必ずしも武器にもならないかもしれないけれども、「過去の失敗から来る苦手意識」を「ことさら重要なこと」ではなくて「どうでもいいこと」に変えたり、「それほど重要でもない記憶」に変えていける可能性はあるはずです。

そうなると楽でいいですよね。この辺りの詳細は、またあとでお話ししたいと思います。

それでは、これから講義を進めていく中で、いろいろと探っていきたいんですが、ぼくがただ一方的にしゃべるというよりも、それこそ今日のこの場も「対話」だと考えているので、皆さんにも積極的にご参加いただきたいと思っています。

というわけで、ワークショップ的なゲームをひとつやってみましょう。混雑した会場の中で申し訳ないんですが、ぜひ参加してください。

「チョコ、バナナ」というゲームです。

「チョコ、バナナ」ゲームをやってみる

ぼくの講座や授業を受けたことがある方は、このゲームをやったことがあると思うんですが、そうではない方は何のことだか分からないかもしれません。

2人一組でやってもらう声かけゲームです。1人が「チョコ」と相手に言います。といいますか「チョコ」としか言ってはダメです。そして相手の方は「バナナ」としか言ってはダメです。これを延々と繰り返すゲームですね。そんなこと突然言われても困ると思うので、一応設定というか、役柄を与えると皆さん分かりやすいと思います。

2人一組になったらジャンケンをして、どちらかが「チョコ担当」「バナナ担当」と決めていただきたいんですが、チョコ担当のひとは、「架空の島・チョコ王国の親善大使」みたいなものをしているんだと思ってください。チョコがとにかく大好きで、愛するチョコを世界に広めたいと願っている。完全にチョコラブなひとです。一方のバナナ担当のひとは、これまたや

はり「架空の島・バナナ王国の親善大使」です。愛してやまないバナナを、何とかして世界に広めたいと願っています。

だからお互いに「チョコ」と「バナナ」という言葉しか持っていない。使える単語はひとつなんですが、これも実は対話です。ただし、絶対に相手の体に触れてはいけません。言葉のみ交わすようにしてください。

それで、このゲームはどうすると終わりになるかといいますと、チョコ担当のひとが「チョコ」と言い続ける。バナナのひとはもちろん「バナナ」と言い返すわけですが、それでも相手から「チョコ」と言われ続けるわけです。そこである瞬間に「相手の言葉に自分の心が動いた」と感じたら、バナナのひとは「チョコ」と言ってください。逆にチョコのひとはバナナ担当者のバナナという言葉に心が動いたら「バナナ」と言ってください。

つまりバナナマンが2人になるわけです。チョコマンが2人になるんです。これでゲーム終了です。心が動くということは、いろいろな動き方があっていいと思います。笑っちゃったとか、むかついてきたとか、悲しくなってきたとかいろいろとあると思うんですが、とにかく「心が動いた」と感じたら、相手の言葉を口にして終了です。

ただし、お前がチョコと言わないなら殺してやる！　刺してやる！　みたいなものはナシです。バナナと言わせたいがために、相手の体に触れていやらしいことするみたいのもナシですね（笑）。言葉のイントネーションやニュアンスに関しては、いろいろな工夫をしていただいて大丈夫です。言葉といっしょに、いろいろな表情をするのもＯＫです。

それではトライしてみましょう。場所が狭いので、そっと立ってみてもらえますか。そのうえで、お隣りのひととコンビを組んでみてください。

（参加者たちは全員立ち上がり、各々コンビを組み始める）

……余ってしまったひとはいますか？　最終的に余ってしまったというひとは？　１人になっちゃったよ、というひといますか？　大丈夫ですか？　ああ、意外と何とかなるものですね。皆さん大人ですね、話が早い（笑）。素晴らしい。

では、やってみましょう。どちらかがチョコ、どちらかがバナナ担当です。チョコとバナナしか言ってはいけませんよ。

それでは「チョコ、バナナ」ゲームスタート！

（参加者全員での「チョコ、バナナ」ゲームが繰り広げられる。あちこちで「チョコ」「バナナ」という単語が飛び交い、そこかしこで笑いが発生し、和《なご》やかなムードで進んでいく。その状態が数分続く）

はい。それではいったん切りましょう。立ったまま聴いてください。勝負がついたというチームは手を挙げてください。どうなりましたか？（ある組み合わせに声をかけ）バナナさまですか、チョコさまですか？

観客A　チョコです。

三宅　チョコさま、なぜ負けたんでしょうか？

観客A　こっちが攻めてるんですけれども、まったく動じずに「バナナ、バナナ」って言われたらそれに動揺して……。

三宅　動揺して心が動いた。なるほど。どうでした。引き分け？

観客B　はい。無意識に相手のことを理解しようとするんですが、心が動くまでにはいかなかった。

三宅　なるほど。（別の組み合わせに声をかけ）いかがでしたか？

観客C　バナナが負けました。

三宅　バナナ、どっちがバナナ？

観客C　彼がバナナで。負けましたね。

三宅　バナナマン、負けた。どうしたの。

観客D　譲ろうって思いました、途中で。

三宅　途中で譲ろうって思った。なるほどですね。譲ろうと思うという、配慮としての心の動きですね。他の方はどうでしたか？　（さらに別の組み合わせに声をかけ）そちらのおふたりは？

観客E・F　探り探りで……。

三宅　引き分け？

観客E・F　引き分け。

三宅　分かりました。じゃあ、同じ組み合わせのままチョコとバナナの役割を逆にしてもう1回いきましょう。はい、「チョコ、バナナ」ゲーム、再スタート。ドン。

（再度「チョコバナナ」ゲームが繰り広げられる。やはり会場は和やかに、笑いも交えながら、ゲームが続いていく。深刻なムードは一切感じられない。その状態が数分続く）

では、いったんここで切りましょう。いったんやめます。（ある組み合わせに声をかけ）どうでしたか？

観客G　こちらのチョコの方が勝ちました。

三宅　勝った。なぜあなたは負けたんですか？

観客G　１回目もそうだったんですけど、ずっとニコニコしてるんですが、でも絶対このひと折れないなっていう。

三宅　折れない笑顔に折れてしまった。なるほどですね。分かりました。いかがでしたか？

観客H　チョコが負けました。

三宅　チョコが負けて、バナナが勝った。なぜですか？

観客H　すごい溜められて、にらめっこみたいな状態になってからの「バナナ」って言われて。

三宅　溜めて溜めてドン、みたいな。そのギャップみたいなものにやられたわけですね。なるほど。（別の組み合わせに声をかけ）どうでしたか？

観客I　バナナって言って負けました。

三宅　どうして負けたんですか？

観客I　なんだか……かわいそうになってきて。

（参加者たちから笑いが起こる）

三宅　かわいそうになった（笑）。なるほど、いろんな心の動き方がありますね。

今度は「好き、嫌い」ゲームをやってみる

それではですね。ごめんなさいね、立ったままで。では次のゲームにいきます。同じチーム、同じ組み合わせでいきますが言葉を変えます。「チョコ、バナナ」から「好き、嫌い」に変えます。

（参加者たちから「おお〜っ」という、どよめきのような声があがる）

いい反応ですね。では、どちらがどちらでも構いませんが、片方は「好き」としか言ってはいけません。もう片方は「嫌い」としか言ってはいけません。「好き」と言われて心が動いたら「好き」と返してください。「嫌い」と言われて心が動いたら「嫌い」と返してください。ただし

暴力はNGですよ（笑）。相手に触れたり、押したりするのもダメです。言葉だけで勝負してください。それでは「好き、嫌い」ゲーム。はい、どうぞ。

（参加者たちによる「好き、嫌い」ゲームが展開する。先ほどと同様、最初は笑いが起きているが、次第にそこかしこで神妙な雰囲気も発生し始める。やがて数分が経過する）

では、いったんカットしましょう。それでは好き、嫌いの役割を逆にしましょう。引き続きいきますよ。せーの、ドン。

（再度「好き、嫌い」ゲームが始まる。組み合わせによっては笑いも起きてはいるが、明らかに「チョコ、バナナ」のときとは比率が違ってくる。中には、気まずそうな組み合わせも出てくる。数分が経過）

ではここまでにしましょう。ありがとうございました、では皆さん、お席にお着きください。さてさて、盛り上がってまいりました。体も温まってまいりましたね。好き嫌いゲーム、勝負がついたチームは手を挙げてください。どうでしたか？　好き嫌いゲームは、やってみてどんな感じでした？（と一組の男女に尋ねる）

観客J　ここは、でも実際に付き合っているので……。

三宅　付き合っていると何なんですか？（笑）

観客J　いつも言っている言葉なので……。

三宅　好き、嫌いはいつも言っている言葉である、と。で、その結果……？

観客J　チョコバナナよりは、心が動きにくい。

三宅　心が動きにくい。なるほど、すごく面白いですね。ありがとうございます。（別の男女の組み合わせに声をかけ）そちらの2人も付き合ってますか？　あ、そうではない（笑）。失礼しました。どうでした？　どんな感じでした？

観客K　すごい、上手なんですよ。

三宅　何が上手なんですか。

観客K　言い方が。

三宅　言い方。で、どうだったんですか。

観客L　僕が一方的に負けました。

三宅　負けた。好きで負けたんですか？

観客L　好きでも嫌いでも僕が負けた。

三宅　好きでも嫌いでも負けた。どういうことですか。

観客L　やっぱり異性なので、勝手に意識をしてしまって。（※ちなみにKさんは女性）

三宅　なるほど。

一同　あー。

三宅　「あー」っていう、この反応ね（笑）。なるほど、了解です、ありがとうございます。（さらに別の組み合わせに声をかけ）いかがでした、そちらの方は？

観客M・N　2人とも好きが勝ちました。

三宅　お互いに？　どういう感じでした？

観客M　好きが強いですよね。好きって言われるとコロっといっちゃうんで。（※Mさんは男性、Nさんは女性）

三宅　コロっといっちゃう。どうでしょう。

観客N　この距離感だと、嫌いって言うのはもっと離れたくなるし、好きって言うと近づきたくなるから。近いので、好きのほうがグッときちゃう感じがしました。

三宅　なるほど、会場が狭くて互いの距離が近いから、より、そう感じてしまうと。面白いですね。ありがとうございます。それでは「チョコ、バナナ」のときと「好き、嫌い」のときでは、明らかに何かが違うなと感じた方は手を挙げてください。

（参加者のほぼ全員が挙手）

三宅　違いますよね。なぜですかね？　何が違いましたか？

観客○　より自分の心が反応している感じがしました。

三宅　「チョコ、バナナ」のときよりも、自分の感情が動く感じがしたということですね。それは多分、好きとか嫌いという言葉が自分のことのように、自分に関係があることのように感じやすかったからなのでしょうかね。初めましての相手と向き合ったうえで、でも、こういうイベントの中でのある種のゲームということで、冗談だということももちろん分かっている。それでも、「チョコ、バナナ」と言うよりは「好き、嫌い」のほうが心に刺さるということですよね。

「好き、嫌い」は人間が普段使う言葉ですから、それもそうだと思うわけです。あるいは、むやみには使わないように気をつける言葉でもある。いろいろなことを意識してしまう言葉ですからね。でも、「チョコ、バナナ」という言葉はそうじゃない、と。

自分と関係のある言葉として語る

でもね。皆さんちょっと冷静になって考えてみてほしいんですけど、「チョコ、バナナ」ゲームに挑戦したとき、ぼくは皆さんの立ち位置をチョコ王国の親善大使や、バナナ王国の親善大使だと伝えたはずです。つまり、「ひととしての役割」を伝えたはずなんです。いくら架空の設定とはいっても、チョコを愛してやまないチョコ大使さんからすれば「チョコ」という言葉には、「好き」とか「嫌い」と同等か、もしかしたらそれを上回るくらいの意味や想いがあったかもしれないですよね。バナナ大使さんは「バナナ」という言葉にとてつもなく大きな熱情を抱いていたかもしれません。ところが皆さんは、チョコとバナナという「単語」の表層にのみ反応した。

チョコやバナナという言葉を、「さして意味のない言葉」として処理してしまい、「自分の心とは無関係の単語」だと決めつけてしまった。即断即決してしまい、心から感じたり、考えたり、想像したりしなくなっちゃったのではないでしょうか?

しかし言葉を発する側が、自分が口にしている言葉を信じていないのだとしたら、当然ながら想いは相手に伝わりませんよね。また相手も自分が発している言葉を信じていないのだとしたら、当然ながら相手の言葉も自分には響かない。だから単語の表層部分だけが交わされてしまったんだと思います。

プレゼンが苦手なひとの中には、自分が口にしている言葉に「想いが込もらなくなったり、想いが至らなくなったりするひと」がいます。緊張するあまり、「相手に伝えたい」という想いが減ってしまったり、欠落してしまう。そういうひとの言葉は、残念ながら聴き手には響きません。響かないがゆえに、聴いている側も集中力を失っていきます。集中力を失ってしまったひとというのは、退屈そうな態度を示してしまうものです。その退屈そうな態度を目の当《ま》た《あ》りにしたプレゼンターは、今度は「相手は自分の話に退屈している」と感じ、焦り始めます。焦るからこそ、さらに自分の言葉を信じられなくなる。結果、しどろもどろになってしまう。

そうなると何が起きるか?

プレゼンターの言葉は、またしても聴衆に届かなくなるんです。これでは完全に負のスパイラルですよね。

もしもあなたが「チョコ」という言葉を信じて、そのうえで「チョコ」と口にしていたら、「バナナ」という言葉を信じて「バナナ」と言っていたら、どうだったでしょうか？

チョコとバナナそれぞれの親善大使が抱くかもしれない想いに対して、もっとしっかりと想像力を働かせていたとしたら、「チョコ、バナナ」ゲームでの感じ方はまったく違ってきたのではないでしょうか？　「好き、嫌い」ゲームのときと同じように、「心が動くこと」を、もっと実感できたかもしれません。


先ほど、あなた以外の別の人間は、あなたとは違う存在だという話をしました。だから理解できないのは当たり前。と同時に、だからこそよく見て、よく聴かなければならない。つまり、想像し、共感する姿勢が大切だと。

確かに「チョコとバナナ」というのは極端な例なので、なかなか想像しにくいとは思うんです。しかし「好きと嫌い」のときは、対話相手の気持ちも考える余裕があった、あるいは考えざる、感じざるを得なかったわけですよね。

ということは、プレゼンをするときも、つまりは対話をするときも、自分の言葉に意識を集中し、相手の言葉を自分と関係があるようにと感じることができたとしたら、相手の気持ちを想像するゆとりも生まれるということではないでしょうか？

ひとは誰しも「自分とは関係がない」と決めつけてしまうと、相手の気持ちを考える余裕を失うものです。自分の言葉を信じることができたとしたら、相手に伝えたいという想いや欲求も強くなって、自分の感情をもっとコントロールできるということにならないでしょうか？
そして、相手の言葉を信じることができたとしたら、「自分と関係がある」と感じられたとしたら、もっと相手の気持ちに寄り添ったり、共感したりできるようになるのではないでしょうか？

役者が「好き、嫌い」ゲームを続けるとどうなるか

実はこの一連のゲームは、日頃ぼくが、監督として新人の俳優たちと接するときに、よくおこなっているゲームなんです。長年の盟友でもある豊島圭介《とよしまけいすけ》（*2）さんという監督がいて、元々は彼から教えてもらいました。

例えば、連ドラとかの現場。スケジュールの都合で、撮影前に出演者同士がコミュニケーションを図る時間があまり取れないと。でも、そのまま現場に入っちゃうと、本人たちも役が掴みにくいし、監督としても、演者各人から良いお芝居が引き出しにくくなったりする。それは困る。そういうときに、このゲームをやるようにしています。

一連のゲームを体験することで、緊張気味だったり、互いの距離を測りかねていたりしていた若手俳優たちは、互いの心の距離間を一気に縮めることができるんです。

ちなみに、ぼくが監督する場合。実際には、いまここで皆さんがやったような和やかな雰囲

気だけではない状態を作ります。「チョコ、バナナ」はともかく、「好き、嫌い」に関しては、もっとはるかに本気のモードでやってもらっています。

そうすると、最終的にすごいことになります。「好き、嫌い」と言い合っているうちに、だんだんと殺伐《さつばつ》とした空気になっていくんです。新人とはいえ、やはり役者さんですからね。いつしか芝居が本気になってくる。心を込めて、言葉を大切にして「好き」とか「嫌い」と言い続ける。

「嫌い」と言われている側は、それでも「好き」と言い続けなくてはいけないので、これはかなりの苦痛です。「好き」という気持ちを信じて、その言葉に気持ちを乗せて伝えているのに「嫌い」だと言われ続けていると、好きという気持ちを抱きにくくなって悲しくなったり、怒りがこみ上げてきたりします。ただのゲームのはずなのに、設定上の役柄のはずなのに、自分自身の感情とリンクして苦痛になってくる。でも、この感覚が、「役」というものを理解するヒントになります。

自分のことを「嫌い」だと感じているひとを「好き」で居続けられるだろうか？　簡単に「嫌い」と言い返すのは簡単だけど、それでは「場の状況」に感情的な反応をしただけになってしまうので、芝居の練習にならない。でも、「好き」だと言っているのに、相手は「嫌い」としか言ってくれない。ジレンマですよね。芝居というのはジレンマの連続なわけです。

最終的にどうなるかといいますと、大抵の場合、みんな泣いてしまいます。「好き」のひとも辛いし、「嫌い」のひとも辛い。自分のことを「好き」って言ってくれているひとに「嫌い」と言い続け、その感情を持続させることが苦痛になってくるからです。申し訳なくなったり、可哀想になったり、罪悪感を抱くようになってくる。

もちろん彼らを苦しめたり、泣かせたりすることが、このゲームの目的ではありません。要は「自分が発する言葉」と「相手が発する言葉」に意識を向ける。それによって、台詞って何だろう？　役柄って何だろう？　お芝居って何だろう？　そんな風にいろんなことを感じてもらおう、ということなんです。

この経験を積むと、彼らの多くは「チョコやバナナ」に代表されるような、パッと見、自分とは何の関係もないように感じる「台詞」にも、それを言うひとの想い、願い、苦しみ、歓《よろこ》びがあるということが理解できるようになります。少なくとも想像するようになる。

脚本家が、たったひと言の台詞に込めた感情や考えに対して、この言葉の裏には何かあるんじゃないか？　このキャラクターは「いま、この場面」よりも前に、どんな時間を過ごしてきたんだろう？　そんな具合に「すべての人物にはバックストーリーが存在する」ということに、想いを馳せられるようになるんです。

新人ながらも芝居が濃密になりますし、彼ら自身のコミュニケーション能力や想像力、そして何より監督や脚本家に質問したりといった「対話力」も身につけられるようになります。

つまり、プレゼン能力が増すわけです。

というわけで、皆さんにもちょっとトライしていただきました。ぼくの見る限り、「好き、嫌い」ゲームで結構辛い感情に陥ってしまったひとも何人かいるように感じます。

(参加者の中には「うんうん」と頷くひとが何人もいる)

魅力的な特徴を目の前の相手に伝えてみると……

確かに「好き、嫌い」ゲームは、やりっ放しで終わりにすると気まずい空気になったり、もやもやした気持ちを引きずりがちです。ですから、新人俳優に施すときも、実はもうひとつゲームをやってから終わりにするようにしています。皆さんもそのゲームをやってみましょう。

今度は座席に座ったままで結構ですので、お隣りの、これまでのコンビのお相手に対して、「その方の魅力的な特徴」を伝えてあげてください。これまでのやりとりやゲームの合間に交わした会話、それからあなたの目から見えている要素、聞こえた要素、感じた要素。何でも結構です。あなたにとって「その方のチャームポイント」だと感じたことを伝えてあげてください。「すてきなお召し物ですね」でも「優しそうですね」でも「声が綺麗ですね」でも、何でも結構です。互いに対話をしながら、相手の魅力的な特徴を伝えてあげてください。それでは、どうぞ。

（参加者全員が、コンビ相手の魅力的な特徴を伝え合っていく。会場には笑い声や笑顔が溢れ、和やかなムードで数分が経過していく）

はい、いったんやめましょう。ありがとうございます。どうでしたか？　相手から見えていること、相手が感じていることというのは、自分ではなかなか分からない、気づけないことが多いということに気づけたのではないでしょうか？　あなたが抱いているあなたのイメージや考えていること、感じていることは相手から見えているあなたと必ずしもイコールではない、ということです。

もちろん、あなた自身が自らの魅力、チャームポイントだと判断していることが相手に伝わっていることもあるでしょうし、逆にあなたがコンプレックスに感じていることや、あなたがたいして意味を持たないことだと判断していることが、赤の他人からはあなたの魅力やチャームポイントだと感じられることもあります。

3つのゲームを通じて分かること

ということで、以上3種類のゲームをやっていただきました。個々人でいろいろと思うところ、感じるところがあったのではないでしょうか。あるいは十数分前まではお互いがまったく誰だか分からなくて、もしかしたら隣に座っているこのひとはちょっと怖いひとなんじゃないか、性格がきついんじゃないか、話が合わないんじゃないかと思っていたかもしれない。そんなひとと、こんなに短時間で、こんなにワイワイガヤガヤとした雰囲気になれるんですね。面白いですよね。

そしてそれこそが、ぼくは「対話」だと思うんです。「プレゼン」だと思うんです。いまの時間、皆さんは事実上プレゼンを繰り返していたということになります。

3つのゲームを通じて、皆さんに何を感じていただきたかったかというと、「相手の心の動きに敏感になること、それから自分の心の動きに自覚的になること」です。実はこれがプレゼンテーション、伝えることのベースになるのではないかとぼくは考えています。パワーポイントの画面作りとか、話すときの手の角度とかも大切かもしれないけれど、それらはあくまでプレゼンの「カタチ」の部分であって、「キモチ」の要素ではないと思うんです。

要はテクニックではあるけど、本質ではないんじゃないかと。

そして、この2つの要素「カタチ」と「キモチ」、その違いというのは、今日の講義のモチーフになっている『タマフル』という番組の中で、ぼくがリスナーとして感じてきたこと、そしてぼくが約10年間出演させていただいてきた演者として、プレゼンターとして感じてきたこと、実践してきたこととも繋がるのではないかと思っています。

数多く出演させていただいたことで、プレゼンターとして成長した部分もあるかもしれません。一方で失敗したことも実はあります。プレゼンがうまくいかなくて、恥ずかしい想いをしてしまった。そんな経験も当然あります。

今日はそういったさまざまな局面について、時間の許す限りお話ししたいと思っています。

プレゼン術、5つのトピック

それでは、いよいよ『タマフル』の話題に移りましょう。

本日のトピックは、大きく以下の5つの要素です。

『スクリプトドクターのプレゼン術』5つのトピック

①　着想
②　構成
③　話し方
④　コンディション

⑤ 自己開示

まずは【着想】です。どうすると「ブルボン」や「怪獣が倒れるシーン」といった特集を思いつくのかとよく訊かれますので、ぼくがどのように着想しているのかということを話していきます。

それから【構成】ですね。これは『タマフル』でのプレゼンテーション、つまりパーソナリティの宇多丸さんと対話をするとき、話す内容をどのように構成しているのかについてです。

それから【話し方】。そして【コンディション】。この2つはフィジカルな話題でもあります。我々の肉体はメンタルとセットになって日々動いています。プレゼンテーションは、肉体のコンディションの如何《いかん》によって、大なり小なり必ず影響を受けるものです。

それから最後のテーマは【自己開示】。以上の5つです。

それぞれのトピックに付随する要素は何かというと、【着想】に関しては「何を伝えるか？」

そして【構成】は「どの順番で伝えるか？」

【話し方】は「どのように聴かせるか？」

【コンディション】は、今日のテーマでは「声をどう出すか？」にしましょう。

最後の【自己開示】は、「自分らしさとは何か？」ということになります。

さて、『タマフル』というラジオ番組は、ご存じのとおり、TBSラジオの大人気長寿番組です。ぼくは元々番組のリスナーで大ファンでした。いつの間にか、アカデミックな切り口でちょっと変わったことをしゃべるひと、というポジションを与えていただいて今日に至っています。

前半で「三宅さんのプレゼンは面白い」とか「独特だ」って言ってくださるリスナーさんが、ありがたいことに多い、ということをお伝えしましたが、言い方を変えれば、「三宅さんは、三宅さんらしいことをしている」と彼らは言ってくださっているのだと思うんです。

おそらく確かにそうなんだろうと、ぼく自身も感じています。とりたてて「らしくないこと」を「無理にしている」という自覚はないからです。

とはいえ、「自分らしさって何だろう?」ということは日頃なかなか意識しないものですよね。あるいは、こういうスタイルや物の考え方が自分らしさである、と思い込んでしまう可能性もあります。でも、違うかもしれない。ただの思い込みや決めつけかもしれない。その辺りを掘り下げていきます。

まずは、そもそもぼくが出演した回というのはどういう題材を取り上げ、どういうプレゼンをしたのかをざっと紹介します。

ご存じの方も多いと思いますが、おさらいしてみましょう。

三宅隆太『タマフル』出演回

・〈ホラーはすべての映画に通ず！〉真夏の現代ホラー映画最前線講座!!（２００９年8月8日放送）
・〈シリーズ〝エンドロールに出ない仕事人〟第１弾〉スクリプトドクターというお仕事（２００９年9月19日放送）
・〈映画駄話シリーズ〉「ところで4が好き」、「挙げ句に5が好き！」（２０１０年4月17日放送）
・〈ホラーはすべての映画に通ずシリーズ！　第３弾〉『モンスター映画』大感謝祭（２０１０年9月4日放送）
・〈映画駄話シリーズ〉三度の飯より〝乗り物パニック映画〟が好き！（２０１１年1月29日放送）
・プレゼン・サマーウォーズ２０１１（２０１１年8月13日放送）
・〝脚本のお医者さん〟イズ・バック！スクリプトドクターとは何か特集 リターンズ！（２０１１年8月20日放送）
・みんな大好き！　第1回・ブルボン総選挙!!!（２０１１年10月22日放送）
・ちょこっとラボ　エンター・ザ・ブルボン〜宇多丸、ブルボニストへの道！♯１（２０１１年10月29日放送）、♯２（２０１１年11月5日放送）、♯３（２０１１年11月12日放送）、♯４（２０１１年11月19日放送）
・〈映画駄話シリーズ〉三度の飯より吹き替え版が好き！（２０１２年3月17日放送）
・チャック・ノリスのことだけを考える1時間（２０１２年10月27日放送）

・2013年、絶対買うべき入浴剤特集！（2013年1月5日放送）
・三宅隆太監督が目指す新しい恐怖映画の形、〝心霊映画〟とは一体何なのか？特集（2013年5月18日放送）
・漢字の漢と書いてオトコと読むほうの男のための、ぬいぐるみ特集（2013年11月2日放送）
・〈映画駄話シリーズ！〉ぶっちゃけ6も好き、なんなら7も好き！特集（2014年5月3日放送）
・〈祝〉単行本発売記念『スクリプトドクターの脚本教室・初級篇』がやっぱり案の定おもしろかったので、これを書いた三宅隆太という人にいろいろ聞いてみよう特集（2015年7月4日放送）
・タマフル24時間ラジオ@ニコニコ生放送・プレゼンサマーウォーズ2015（2015年8月22日放送）
・なんだ猫か特集（2015年11月14日放送）
・シネマランキング2015　放課後ポッドキャストPart1（2015年12月26日放送）
・タマフル映画祭2016〝ときめきガンアクション・ムービー2本立て！〟告知（2016年4月2日放送）
・怪獣が倒れるシーン特集（2016年7月2日放送）
・タマフル24時間ラジオ@ニコニコ生放送2016・プレゼンサマーウォーズ（2016年8月20日放送）
・これ、なんで劇場公開しなかったんですか？特集（2016年10月1日放送）

・シネマランキング２０１６　放課後クラウド①（２０１６年12月24日放送）

現時点では以上の27回になります。まず「真夏の現代ホラー映画最前線講座!!」これが１回目です。ここで「Ｊホラーの作り方」について話をさせていただきました。ちょうどぼくが『呪怨白い老女』(*3)という映画を作った頃でしたね。

次に「スクリプトドクターというお仕事」という特集があり、ここでスクリプトドクターという職業をご紹介する形となりました。おそらく、日本のマスメディアで「スクリプトドクター」という言葉が流れたのは、ほぼこれが初めてだったのではないかと思います。

そのあとが続編映画についてプレゼンした「パート４、５映画特集」です。この辺からだんだんおかしくなっていきますが（笑）。

そして、「モンスター映画」「乗り物パニック映画が好き」。だんだんプレゼンの題材が偏《かたよ》ってきましたね（笑）。

さらに、「プレゼン・サマーウォーズ２０１１」という企画がありまして、宇多丸さんをはじめ、番組関係者の皆さんがおひとりおひとり、「こんな特集をやりたい！」とプレゼンする中で、ぼくは「ブルボンの特集」を提案させていただきました。普及の名作・ルマンドをどのように食べると美味《おい》しいのか、とかをリスナーから人気投票を募って、「ブルボン総選挙」をやったら面白いんじゃないか、といった話をしました。

それから「スクリプトドクターとは何か特集 リターンズ！」。このときはスクリプトドクター業務についての2回目の話をさせていただきました。前回よりも内容を掘り下げて、書き手に対してのカウンセリング要素についての言及もありました。

続いて「ブルボン総選挙」という、先にぼくが提案した企画が実現しました。リスナーの方たちがとても熱心に参加してくださり、メールの数も５００通近く。皆さんの投票をベースに、ブルボンのお菓子のランキングを生放送でやっていくというスリリングかつ笑える回になりました。聴いてくださった方は覚えていらっしゃるかもしれませんが、「シルベーヌ」というお菓子が「神7《セブン》」から落ちたときに、ぼくが反射的に「おぁぁっ！」っていう悲鳴をあげたという(笑)。宇多丸さんと古川さんから「どうしたんですか？」とツッコまれていましたね。まぁ、それだけショックだったってことなんですけど、正直にもほどがあるとは思いますが……(苦笑)。

その後「エンター・ザ・ブルボン～宇多丸、ブルボニストへの道！」という企画をミニコーナーで、４回ほどやらせていただきました。毎週、ぼくが15分のコーナーのためだけにＴＢＳラジオに行って、ブルボンのお菓子を紹介して帰るという……(笑)。実に不思議なコーナーでした。「ブルボニスト」という肩書きがついたのも、この頃です。

それからちょっと時間が空いて、日本語の「吹き替え版」特集というものをやりました。ここではアラン・ドロンに扮した野沢那智《のざわなち》さんのレコード音源などが、かなりのインパクトがあったのではないかと思います。

そして「チャック・ノリスのことだけを考える1時間」という特集があり、その後、お正月明けですぐに「入浴剤特集」というものがありまして、最後に宇多丸さんが、スタジオ内に作ったお風呂に入って終わるという。あれもなかなか奇妙な回でしたね（笑）。このときに「入浴剤ソムリエ」と名付けられたんですよね。

そこからしばらく時間をおいて、「〝心霊映画〟とは一体何なのか？特集」というのがありました。これはぼくが脚本を書いた『クロユリ団地』(*4) という映画の公開に合わせてやらせていただいた回です。

そして次が「男のための、ぬいぐるみ特集」。子供の頃から可愛いものが大好きで、超合金のロボットとかよりも、ぬいぐるみで遊ぶことのほうが多かったので、プレゼンさせていただきました。ここで「ぬい＝グル」という役職というか、立ち位置を与えられて。謎の肩書きが増える一方ですが（笑）。

それから続編映画についてのプレゼンの続編にあたる「パート6、7映画特集」。

そのあとで「スクリプトドクター」特集の3回目がありましたね。これはぼくが書いた『スクリプトドクターの脚本教室・初級篇』(*5)という本の出版に合わせてプレゼンさせていただきました。

そして、「タマフル24時間ラジオ」(*6)のニコニコ動画の生放送「プレゼンサマーウォーズ2015」で提案させてもらいました「なんだ猫か特集」というのも、その後やらせていただきました。それまでは比較的古い映画について語る機会が多かったんですが、初めて年間ベスト10をお話しさせていただいたのが「シネマランキング2015」です。未公開映画の『ファイナルガールズ〜惨劇のシナリオ』とか、NetFlixで観られるハンナ・フィデル監督の『6年愛』の話などをさせていただきました。

また新宿バルト9でおこなわれたオールナイト上映イベント「タマフル映画祭2016」(*7)の映画をぼくがセレクトさせていただいた関係で、その告知のために出演したりもしました。ちなみに当日上映したのはメル・ギブソン主演の『復讐捜査線』とシアーシャ・ローナン主演の『天使の処刑人／バイオレット&デイジー』という映画です。

それから「怪獣が倒れるシーン特集」は、「プレゼンサマーウォーズ2015」でプレゼンした企画の、残りのもうひとつです。ウルトラマンなどのヒーローから光線技を受ける直前に、怪獣から魂が脱けてしまうという、いわゆる「魂脱け現象」への偏愛についてプレゼンしました。

まぁ、言ってしまえば怪獣の着ぐるみから「中のひと」がいなくなって、爆破用の人形にすり替わってしまう瞬間に、生き物ではなくなるというか、「あ、いなくなっちゃった……」という何ともいえない哀しみというか、寂しさを感じませんか？　という話でしたね。あまりにも偏った内容なので、これは公のメディアで流す話なのか、という気もしますが（笑）。でも賛同してくださるリスナーの方が思いの外多くて、びっくりした記憶があります。

そして「これ、なんで劇場公開しなかったんですか？特集」です。これは、その前の夏に出演させていただいた「プレゼンサマーウォーズ２０１６」で提案したアイデアのひとつで、当時ぼくがウェブ連載（*8）をしていて、のちに同名タイトルの本も刊行されたんですが、良質な未公開映画をどのように発見していくか、みたいな切り口で話をさせていただいた回です。

ちなみに「プレゼンサマーウォーズ２０１６」では、さらにもうひとつ「あれ、わたし何やってんだろう？特集」という、よく分からないプレゼンもさせていただいたんですけれども（笑）。これもいつかやらせてもらえることになるかもしれません。

そして「シネマランキング２０１６」ですね。前年と同様、その年のベストテンをしゃべらせていただきました。『インデペンデンスデイ：リサージェンス』を3位に入れていたことが皆さん驚きだったようですが、あれは手放しに傑作だと言っているのではないんです。

問題を孕んだ「企画の眼差し」というのは、通常、「不出来かつ、いびつで乱れた軌道」を構造上呼び込んでしまうものなんです。実際、あの映画でもそういったことは起きています。

その点で目も当てられない出来なのは事実です。

ところが、あの映画は「シーン単位の細かな作劇技術」でギリギリまで応戦し続けた。大枠が歪んでいるのに、細部で諦めなかった。そこのところに評価価値がある、という話です。決して手放しで褒めているわけではないんですけど、タイトルのインパクトが強すぎたんでしょうかね。「なんであんな映画を!?」みたいな感じで、結構びっくりされた方が多かったみたいです。

ざっくりした説明になってしまいましたが、概《おおむ》ね以上になります。全部聴いてるよ、という方はいらっしゃいますか？

（八割方の参加者が挙手）

うわ、すごいですね。それはどうかしてますね（笑）。ありがとうございます。いまご紹介したこれらの特集をやらせていただいた中で、プレゼンをしてきた中で気づいたこと、うまくいったこと、いかなかったことを中心にこれから話していきたいと思います。

まずは、そもそも『タマフル』という番組とぼくがどのように出会ったのかという話をさせていただきたいんです。この出会いと関わり合いの話は、モチーフが『タマフル』になってはいるものの、皆さんにとっての対話相手、関係性のあるひと、それから仕事の得意先のひとたちとどう出会っていくのか、どう関わり合っていくのか、またそこでどのような感情が芽生え、互いに感情が通っていくのか、あるいは通わなくなってしまうのか、という具合に、置き換えて聴いていただいてもいいかもしれません。

『タマフル』との出会いは「岡田有希子」さん

『タマフル』の放送が始まったのは、２００７年4月7日です。強烈に覚えているのは、それから1カ月後の5月5日の放送でした。これが何の放送だったのかはこのあとにご説明しますが、ぼくがリスナーとして『タマフル』を意識するようになった最初の回です。

ひとが誰かと初めて接するとき、何かに初めて出会うときというのは、そのひと個人がすでに持ち得ている価値観や前提が多かれ少なかれ影響するものです。それは例えば映画を観るときでも、本を読むときでもそうだと思います。いま、ここで聴いていらっしゃる皆さんも多分同じはずです。

おひとりおひとりの価値観や前提があるからこそ、今日、このイベントへの参加を「選択」し、実際に参加するという「行動」をされたんだと思います。

ですから当然、ぼくと『タマフル』との出会いにも、ぼくなりの選択と行動がありました。この点について触れるとき、どうしても避けて通れないのが「岡田有希子《おかだゆきこ》（*9）さん」という存在です。

岡田有希子さんをご存じの方は、どのくらいいらっしゃいますか？

（参加者の八割方が挙手）

ああ……すごくたくさんいらっしゃいますね。今日の参加者は年齢層が高いということですね（笑）。岡田有希子さんはアイドルだった方です。素晴らしく歌がうまくて、とてもチャーミングな方でしたが、残念ながら１９８６年の4月8日に亡くなってしまいました。18歳でした。死因は病気や事故ではなく、自殺によるものです。

ぼくは当時、中学2年生。岡田さんのことがとてもとても大好きで、レコードも全部買っていましたし、ブロマイドもたくさん持っていました。本当に素敵な方だったんです。

彼女が亡くなった日のことは、いまでもとてもよく覚えています。大変なショックを受けました。とりわけショックだったのは、亡くなったことを知った状況です。ぼくはその日、父親と一緒に『霊幻道士』という香港映画の試写会に行っていまして。キョンシーって分かりますかね？　こう、頭にお札が貼られてて、手を伸ばしてピョンコピョンコ跳ねながら襲ってくるんですけども。それを観て、死ぬほど笑ったんです。本当にもう、お腹が痛くなるほどゲラゲラ笑って。

でもその帰りに、駅で、岡田さんが亡くなったという新聞の吊り広告を見ました。まぁ、落ち込みましたね。本当に落ち込みました。

岡田有希子さん、本名・佐藤佳代《さとうかよ》さん。自殺という選択をし、実際に行動し、亡くなってしまったということは、当然、佐藤佳代さんご自身がとてもとても苦しんでいたということだと思います。なのにぼくときたら、よりにもよってキョンシーを観てゲラゲラ笑っていたわけですよ。ファンを自称していたにもかかわらず、自殺をしてしまうほど彼女が苦しんでいたということを、ぼくは1ミリも気づくことができませんでした。

いやいや、そんなの別に当たり前だろ、と言われるかもしれません。実際、当たり前なんですけども、でも、ぼくはとてもとても自分を責めたんです。

そして、その日以来アイドルファンをやめました。岡田有希子さんのファンもやめることにしました。

岡田さんの自殺の原因は諸説あって、実際のところはよく分かりません。ですから無責任なことを言うつもりはないですし、言えないんです。

ただ、岡田さんが亡くなって以降、ぼくはアイドル産業という「仕組み」に対して、いろいろと思うようになって……。アイドルという立場にいるひとたちが、構造上いろいろと抱えざるを得ないものが、年齢に比して大きすぎるんじゃないか、重すぎるんじゃないか。そういったものが彼女自身を、本名・佐藤佳代さんである岡田さん自身を苦しめていたのかもしれない。違うのかもしれないけども……。

でも、少なくとも、アイドルという仕組みが持つ「消費の構造」のループというものに、お小遣いをはたいてレコードとかブロマイドを買い集めていた自分も加担してしまってたんじゃないか。そんな風に感じたんですね。

ですから、以来ずっと個々のアイドルとも、アイドルという文化とも、消費者として関わらないように過ごしていきました。

それでぼくは25歳のときに監督デビューをするんですけど、最初はミュージック・ビデオの仕事でキャリアを始めたんです。ミュージックビデオというのは、つまりPVですね。プロモーションビデオのことです。当時は若手の監督でしたし、ミュージックビデオの仕事をしているわけですから、当然のようにアイドルのPVの依頼も来るわけです。でもアイドルの仕事に関しては、どうしてもやりたくなくて、すべて断っていました。新人で、しかもフリーランスで、キャリアも浅いわけですから、本来であれば、いただいた仕事は絶対に断ってはダメなんですよ。四の五の言わずに引き受けるべきなんです。でも、断っていました。それで仕事が来なくなるなら、キャリアを積めないなら、別の仕事を探せばいい。正直、監督なんかやめちゃえばいいとさえ思っていました。そのくらい、アイドルというシステムに関わりたくなかったんです。

ところがですね、それから何年かすると、ぼくはホラーというフィールドに仕事を移行していくことになります。すると今度もまた、必然的に「アイドルという存在」が近寄ってくるんですよ。

ご存じかもしれませんが、ホラー映画とかホラーのテレビドラマというものは、大体若い女の子が主人公で、アイドルの登竜門《とうりゅうもん》だったりもします。なので、皮肉にもアイドルと仕事をする機会がどんどん増えてしまったわけです。最初は困ったなぁ、正直きついなぁ、関わりたくないなぁと思っていたんです。岡田有希子さんのことが、どうしても頭をよぎりますからね。

しかし、いざ彼女たちと、現役のアイドルたちと仕事を始めてみるとですね、ちょっと思いがけないことが起こり始めたんです。

アイドルとの関わりで気づいたこと

映画とかテレビドラマの監督仕事って朝が早いんですよ。5時半とか6時とかに新宿とか渋谷とかからロケバスで出発したりするんです。

そうすると「あれ？　主役のアイドルの子が来ていないな」って思うんですけど、実はとっくに来てた、なんてことが起きる。要するにテレビで観るときと顔が全然違ってたりするわけです。まず完全にスッピンですしね。場合によっては、仕事が忙しすぎて全然寝られなくて顔が倍くらいにむくんでたりするわけです。あとは疲れすぎて具合が悪くて、バスの中で半目を開きながらいびきをかいてたりする。そんな状態の彼女たちと、ぼくは接触するわけです。

つまり、アイドルとしての彼女たちが、スポットライトの当たった場でお客さんに見せている姿ではない状態で現れる。ぼくは彼女たちのファンではないし、消費の対象者でもなくて、一緒に仕事をする立場なわけですから、当たり前といえば当たり前なわけですけど、「アイドルじゃない状態」の、限りなく「素」に近い状態での彼女たちと時間を共有していくわけです。それはつまり、岡田有希子さんでいうところの佐藤佳代さんのときの状態に近い。目の前にいるその子たちも、本名のなんとかなに子ちゃんの姿なわけです。ぼくはそんな彼女たちの姿を目の当たりにするポジションに、いつの間にか立っていました。

監督などをしているとですね、彼女たちをどうやって輝かせていくかっていうことを一生懸命考えます。そして現場に入れば、当然彼女たちに演技指導をします。本人たちから、引き出せるものを引き出します。でもそれだけではありません。彼女たちは中学生や高校生だったりしますので、学校も行かなければならない。ですから例えば、撮影中のちょっとした休憩の間に彼女たちは宿題をやったりします。そういうものを、分からないなりに手伝ったりすることもあります。場合によっては、人生相談に乗ることもあるわけです。

そこで気がついたのが、ぼくは岡田さんに対して、ファンとしても消費者としても何もできなかった、という思いを抱いていて、以降ずっとアイドルという存在を避けてきたわけですが、いつの間にかアイドルに対して何かをしてあげられる側に回っていたのかもしれない、ということなんです。

自分としてはまったく無自覚だったんです。ずっと逃げていましたからね。それであるとき、ふと思ったわけです。

この子たちは、目の前にいるアイドルの子たちは、いま本名のなんとかなに子ちゃんの状態でいる。それってつまり、アイドルではなく、個人としての自己開示ができている、ということなんじゃないか。ということは、ぼくが岡田有希子さんのファンだったり消費者だったりという立場のときにはできなかった何かしらのサポートが、いまならできるんじゃないか。もし、そういうことを繰り返すことができたら、それはもしかしたらぼくなりの岡田さんへの供養になるんじゃないか、そんな風に考えるようになったんです。

それで、アイドルを避けるのではなくて、むしろ積極的にアイドルとの仕事を引き受けるようになっていきました。ご存じの方も多いかもしれませんが、ぼくはデビューしてから現在に至るまでに、300本以上の商業作品に携わってきました。そのうちの6割か7割近くが、何かしらの形でアイドルと縁のあるプロジェクトです。そういう仕事の仕方をしてきた背景には、いま申し上げたような理由があります。

ラジオから流れてきた『花のイマージュ』

そんな中、驚くべきことに、あるときまったく同じ話をラジオでしているひとがいたんです。それがライムスターの宇多丸さんでした。2007年の5月5日。はっきりと覚えてます。ぼくはちょうどTBSの社内で、その日の『タマフル』を聴いていました。

宇多丸さんは岡田さんが亡くなった日にアイドルファンをやめ、以後アイドルのシステムに加担したくなくなり、レコードも買わなくなっていった。その後、宇多丸さんはプロになり、音楽ライターになって、「モーニング娘。」辺りから、アイドルソングの評論を書くようになって、再びアイドルと関わっていった、と。そのお話をとてもとても誠実に、ラジオで語ってらしゃった。

その日の放送の中で、岡田さんが亡くなったことで発売が中止になり、ずっとあとになってから発表された『花のイマージュ』という曲がかかりました。これは本当に素晴らしい名曲です。もし、当時リリースされていたら、その後の岡田さんのキャリアに間違いなく大きな影響を与えていたはずの見事な楽曲なんです。ゲストの中川《なかがわ》翔子《しょうこ》さんのリクエストだったという事情はあったにせよ、まさかいまさらラジオから聴こえてくるとは思っていなかったので、大変なショックを受けました。と同時に、この宇多丸さんという方にどうしても会いたい、どうしても会って話がしたいと、思うようになりました。それから欠かさず『タマフル』を聴くようになったんです。

そして『タマフル』で「えへへへへ」という笑い声がいつも入る構成作家の古川耕さん。今日はいまぼくのすぐ隣にいてくれてますけども。それから渋い声なのに実は意外と若い、橋本《はしもと》吉史《よしふみ》(★10)プロデューサー。番組アドバイザーの「せのちん」さんこと妹尾《せのお》匡夫《まさお》(★11)さん。小《こ》荒井《あらい》弥《わたる》(★12)ディレクター。それからしまおまほ(★13)さんなど、もろん他にもいろんな方がいらっしゃいますが、だんだんと『タマフル』のチームが大好きになっていきました。

気がつくと、いつの間にか『タマフル』は、ぼくの生活に欠かせないぐらい大きな存在になっていました。あの頃、ぼくは『タマフル』に救われていたんだと思います。もっと言うと、ほとんど依存していたと言っても良い。そのくらい『タマフル』が日常化した存在になっていたんですね。

でも、そこまでは普通のリスナーですよね。普通に聴いている状態です。一体どうして出演することになったのか？　そして今日に至っているのか？　ということなんですが。
覚えておいでの方いらっしゃいますかね？　２００８年の10月に「SAVE THE TAMAFLEキャンペーン」というポッドキャストがありました。覚えている方はどのくらいおいでですか？

（参加者の一部が挙手。その数は決して多くはない）

いや、無理もないです。もう9年も前の話ですからね。「SAVE THE TAMAFLEキャンペーン」というのは、簡単に言いますと、まだ当時はインターネットでラジオが聴ける「radiko（ラジコ）」が存在してなかったんです。『タマフル』は生放送のリアルタイムにラジオで聴くか、ポッドキャスト配信で聴くかしかなかったんですね。
そんな中、番組を生で聴いているひとの数が少なくて、聴取率があまり芳《かんば》しくないと。このままいくと『タマフル』がなくなってしまうかもしれない。それで当時プロデューサーだった橋本さんが「いざ立ち上がれ、ラジオ戦士よ！」といった感じでリスナーに呼びかけた。番組に励ましのメールを送ると、もれなくポケットラジオを1台送ります、と。要は『タマフル』

ファンのひとたち、できるだけ生で、ラジオで聴いてね！　ということなんですね。そういう告知が「放課後ポッドキャスト」(*14)の中であったわけです。
ぼくはね、もう居ても立ってもいられませんでした。「冗談じゃない」と。「番組が終了するだなんて、俺の生活から『タマフル』がなくなったらどうなってしまうんだ！」くらいの感じで、反射的にホームページに記載されていたアドレスに、メールを打ったんです。
この選択と行動が実は大きな転換点になりました。「SAVE THE TAMAFLEキャンペーン」を覚えていないという方も多いようなので、ちょっと当時の音源を聴いてみましょう。ちょうど、ぼくのメールが紹介された回です。

(『タマフル』のポッドキャスト音源流れる。２００８年10月11日収録ぶん)

橋本　この方はですね。ちょっと僕が読んでもよろしいですか？

妹尾　はい、どうぞ。プロの方？

橋本　プロの方なんですよ。

古川　マスコミ関係の方？

橋本　我々は9階のスタジオにいて、ラジオというものにコンプレックスがあるという風に、先ほどしまおさんはおっしゃっておりましたが。この方はなんと、三宅さんという方なんですが、「私、週に3日ほど御社TBSに通っております。映画やテレビドラマの脚本や演出をなりわいとしています」と。

しまお　（テレビのスタジオがある）4階の方？

橋本　15階にあるBS－iの番組を担当していると。

古川　15階のひと！

橋本　『ケータイ刑事 銭形シリーズ』（*15）、『怪談新耳袋』（*16）、『東京少女』（*17）などのシリーズで脚本を書かれているそうです。

古川　あらら。

橋本　また監督をされたりもしてる方なんですね。かなり業界人の方ですね、テレビの方です。「また、今週の水曜日からスタートする御社の新番組『女子大生会計士の事件簿』(*18)でも脚本を担当しております」。宣伝もしていただいてます。それで、この方は「土曜日の夜、御社の社内で『ウィークエンド・シャッフル』をリアルタイムで聴くこともありますが、まれなことです」と。通常は、この方もポッドキャストをダウンロードして聴いていただいて。

宇多丸　まぁ、仕事中ですからね。

橋本　はい。では、なぜ聴かないかというと、この方は単純にラジオを持っていないからだという風におっしゃっているんですが、やっぱりですね、ラジオの音に触れる機会が減ってしまったということをおっしゃってるんですね。それで、メールの続きに戻りますが。この方はそうはいっても、うちの番組を非常に楽しんでいただいていて、副業で大学の教員もされているんです。で、主にシナリオと演出を教えられてるということなんですが「講義の中で『ウィークエンド・シャッフル』について触れる機会がある」、と。

宇多丸　なに？

橋本　「宇多丸さんの映画批評に学ぶことが多い」。

宇多丸　なに？

橋本　実際、『ザ・シネマハスラー』(*19)を授業でかけたこともある。

宇多丸　え？

古川　『シネマハスラー』をかけた？

宇多丸　『シネマハスラー』をかけた？　それはね、考えものですよ、これは……。嬉しいですよ、すごい嬉しい、恐縮ですほんとに。光栄ですね。

橋本　プロの方が資料に使ってるくらいだということなんですね、宇多丸さんの映画評は。

宇多丸　生徒たちに聴かせてるんですよね。

橋本　生徒たちに聴かせてて、テレビの仕事されてるんだけど、生徒のひとたちに「くだらないテレビ番組を観てる暇があったら『ウィークエンド・シャッフル』を聴きなさいと」。

宇多丸　やった、えらい。

橋本　そんなことを申しておりますと。

古川　このひとちょっと、大丈夫ですか？

しまお　このひとがねえ、そのうち映画の制作に関わることがあって、それを宇多丸さんが観て。

宇多丸　そこの想像までしなくていいでしょう。いまはそこの想像しなくていいですよ。

しまお　ちゃんと名前覚えておかないと。

古川　「おすすめです。観てないけど、おすすめです」。

宇多丸　いやいや、でも、これは光栄の極みですね、恐縮です。

橋本　ありがたいですよね。

宇多丸　いや、恐縮です。自分のようなね。はい。

橋本　その方が、大変残念なことなんですけど、学生たちの多くは、やはりラジオを持っていないそうなんですよ。

宇多丸　そうなんですよね。

橋本　やっぱりそういう現状もありますよと。ただ番組は非常に楽しいものですよ、という風に。9階のひとたちが作ってるコンテンツを、ちゃんと他の階のひとが楽しんでると。

宇多丸　ＴＢＳのこの番組、他の階にも伝わってるよっていう。

妹尾　４階じゃないから、好感を持てるよね。

宇多丸　４階のヤツらは別に。だって「つまらないテレビ」って言っちゃってますから。これは４階への宣戦布告ですからね。

しまお　４階はチャラいからね。３〜４階はチャラいから。

宇多丸　３〜４の連中はね。って、怒られるぞ！

橋本　15階は降りやすいですよ、これからね。降りても大丈夫。

しまお　15階、降りられる階が増えましたね。

宇多丸　降りられる階が増えた。

古川　押してもいいボタンが増えた。

（音源終了）

三宅　最後の古川さんの「押してもいいボタンが増えた」という発言が、個人的にはすごくツボなんですが（笑）。いずれにせよ、これが最初でした。ぼくはこのポッドキャストを家で聴いてて、びっくりしたんです。「うわ、自分のメールが読まれた！」と、ひっくり返っちゃったわけですけど（笑）。

ぼくの場合、会社員ではなくフリーランスなので、いろんな会社と仕事をしているんです。もちろんＮＨＫとかフジテレビとかテレビ朝日とか他局での仕事もしますが、その頃はちょうど頻繁にＴＢＳの15階にあるＢＳ-ｉ（現在はＢＳ-ＴＢＳ）で、テレビドラマとか映画の仕事をよくやっていたので、一番出入りしている局ではありました。この放送をきっかけに、最初は橋本さんと出会い、そこから他の皆さんと出会ってというようになりまして。

それでこの翌年に、ぼくが映画を1本撮ったんですね。『呪怨 白い老女』というホラー映画なんですが。まさに、さっきしまおさんが予言したとおりの展開になって、現在の「週刊映画時評 ムービーウォッチメン」(*20) の前身の「ザ・シネマハスラー」のコーナーで宇多丸さんが批評してくださったんですね。

で、いつの間にか番組に出演させていただくという流れになりました。ぼくが『タマフル』でプレゼンをするようになった背景には、こういったバックストーリーといいますか、プロセスがあったんですね。

以降は、皆さんご存じのとおり、先ほどご紹介した一連の特集を担当させていただいています。

さて、話が横道にそれましたが、本日のトピックは、最前ご説明したように【着想】【構成】【話し方】【コンディション】【自己開示】ということで進めていきます。

まずは【着想】の部分、「何を伝えるか」というところに入っていきたいと思います。

嘘をつかないことを『タマフル』から学んだ

リスナーの方から最も頻繁に質問されるのは、番組の中のプレゼンに対して「どうやって着想を得ているのか？」ということです。でも、ぼくとしては、どうしてこの質問がそんなに多く出てくるんだろうといつも不思議に思うんです。自分が特殊な着想をしているという意識はまったくないからです。

要はそのように質問してくださる方たちは、ぼくのプレゼンを「ネタの幅が広い」とか「いろんな角度から切り込んでくる」という風に感じてくださっているようなんですが、つまり褒めてくださってるわけですが、そこにはちょっと誤解があるんじゃないか、とぼくは思っています。

確かに『タマフル』には、相当な回数出演させていただいていますし、いろいろな特集をやらせていただきましたけど、ぼく自身は決して器用な人間ではないので、ネタの幅は実はあまり広くないと感じています。

むしろ「たったひとつのこと」しかやっていないんじゃないかと。それは「ブルボン」であろうが、「ぬいぐるみ」であろうが、「心霊」であろうが、「入浴剤」であろうが、あるいはスクリプトドクターの話だったとしても、「実はたったひとつのことしかしていない」と感じているんです。

では、その「たったひとつのこと」というのは何なのかというと、まぁ、極端に単純化して説明すると、「三宅隆太には世界がこんな風に見えていて、さらにこんな風になったらステキだな、と思ってるんですけど、あなたはどうですか？　もし『私もそう思ってた！』とか、『なんとなくはそんな風に感じていたけど、言葉にされてスッキリした』とか感じてもらえたら嬉しいんだけど……」ということです。それを「チャック・ノリス」とか「入浴剤」とかをモチーフに語っている。

もちろん、プレゼンで取り上げた「ひとつひとつの題材」には、それぞれ個別の愛情は抱いてますけど、個々の題材はテーマというよりは、モチーフなんじゃないかと思うんです。どの回も言わんとしていることは基本的には同じことで、ベースになっている感情も変わらない。ですから、どうやって着想を得ているのか？　と問われれば、「普段から思っていること」を基点にして個別の着想を得ています、という答えになります。

次に、この「普段から思っていること」が同じなのだとしたら、どうしてそれが『タマフル』にことごとくマッチするのか、という疑問が出てくるかもしれません。

でも、これはとても単純なことです。

ぼくが元々聴き手として、リスナーとして『タマフル』という番組と接しているときに「番組から伝えられてきたこと」だからです。

つまり、プレゼンの着想を得るときに「無理をしていない」わけです。

実は、ここが結構重要なポイントで、多分ぼくのプレゼン術にも関係してくると思うんですけど、ぼくはそもそも『タマフル』を「そういう番組」だと「感じていた」ということなんですね。

「そういう」というのはつまり、先ほど申し上げた「三宅隆太には世界がこんな風に見えていて、さらにこんな風になったらステキだな、と思ってるんですけど、あなたはどうですか？　もし『私もそう思ってた！』とか、『なんとなくはそんな風に感じていたけど、言葉にされてスッキリした』とか感じてもらえたら嬉しいんだけど……」という、感じ方のことです。

この「三宅隆太には」の部分を「宇多丸さんには」とか「タマフルのクルーには」とか置き換えてみていただくと、そのまま『タマフル』という番組のスタンスというか、基本的な姿勢と繋がってくるんじゃないか、少なくともぼくはリスナーとして、そのように感じながら聴いていたわけです。

例えばですけど、覚えていらっしゃる方がどのくらいいるか分かりませんが、橋本さんが取り上げたおそば屋さんの「いわもとQ特集」とか、それに限らず本当にいろんなものがありましたよね。古川さんが定期的に紹介されている文房具の話もそうですし、そもそも宇多丸さんがアイドルのことや映画のこと、モデルガンのことなどを取り上げられていたり、あと日本語ラップに関しては、ぼくは勉強不足だったので、『タマフル』を聴いたり、宇多丸さんのお仕事に触れていく中で知っていったというのもあります。

つまり、『タマフル』という番組を聴いていると、すでに認知している題材に関しては、「なるほど、その角度から来るか。いいとこ突いてるなぁ」と感じることが多く、逆に、それまで全然知らなかった題材のときは、「そうか。そういう考え方が、そういう世界が存在してたんだ！」といった具合に教わることが多かったわけです。

しかも、いつも一貫していて素敵だなぁ、と感じていたのは、番組で取り上げる個々の題材が「マーケティング的に価値があるとされているから」とか、「世間で流行っているから」とか、「いまそういうブームが来ているから」とかじゃなくて、かといってウケ狙いでわざわざニッチなものを血眼《ちまなこ》になって探して掘り出していこうとしてハシャいでるわけでもなくて、ただ単に宇多丸さんだったり、番組に携わっている皆さんが、「自分はこう感じている」「自分はそれをいいと思うんだ」ということを、そのまま素直に取り上げているところでした。

しかも、単に自分たちが「言いたいこと」だから「言っている」んじゃなくて、いろいろな価値感のひとたちに「伝えたい」と思ってるから「伝えようとしている」んだろうなと感じさせてくれる。

どんな題材を取り上げたときでも、いつもとても切実に、そして誠実に、でも深刻すぎず、ユーモラスに扱おうとしてる。少なくともぼくはそう感じていました。『タマフル』のそんなところに、ぼくはものすごく魅了されたというのがあるんですね。

なので、自分が番組に出させていただくようになったときに、そういった思いを絶対に忘れてはいけないなと。ぼくがリスナーとして『タマフル』から与えてもらったこと、勇気だったり歓びだったり、そういう感覚を無下にしては絶対にダメだと肝《きも》に銘《めい》じたんです。

それはつまり、信じていないことについては語らない。愛してないものについては取り上げない、ということでした。

とにかく、ウソをつかないこと。フリをしないこと。

その気がないのにあるフリをするのは、聴いている方たちに対してとても失礼だと思うし、自分がまず気持ちが悪い。第一、『タマフル』がそんな番組じゃないし、宇多丸さんもそんなひとじゃない。もちろん、橋本さんや古川さんをはじめ、番組に携わっているひとたちが皆、そんな姿勢で作ってないというのは、火を見るよりも明らかですしね。

いずれにせよ、我々の生活の中にあるもの、非日常の特別なものではなくて、生活の中にあるエンタメだったり、歓びだったりというものを見つけていく角度というものの豊かさを、ぼくは『タマフル』からたくさん教えてもらったので、恩返しと言ったらおこがましいですけど、同じような気持ちでアプローチできたらいいなというのが、自分がプレゼンするときの着想の原点になっています。

驚くほど広かった『タマフル』の受け皿

問題は、ぼくの着想に価値があるのかどうかです。ぼくが選択する題材が『タマフル』的に面白いとされるものなのかどうか。

でもそこはご存じのとおり、『タマフル』の受け皿は驚くほど広かった（笑）。ホラー映画の作り方にしても、スクリプトドクターにしても、続編映画にしても、ブルボンにしても、ぬいぐるみにしても、入浴剤にしても、心霊にしても、どれもぼくがただ単に普段から「信じているもの」でしかなくて、でも、それをそのまま受け止めてくれました。

だから、特別な着想なんてしてないんです。意図して何かを組み立てようとか、そういうことはあまり考えていないんです。

とにかく自分がウソをつかないですむように、無理をして誰かのフリをしなくてもいいように。ぼく自身が生活の中ですぐに手に取れるものや、口にしたり、目にしたり、耳にしたりできるもの。

だけど、意外と見落とされていたり、大きなメディアとかマーケティングからは、はじかれがちなものの楽しさや美味しさや可愛らしさみたいなことを、そういうもののチャームを、リスナーの方たちと共有できたらいいなと。

『タマフル』でのプレゼンに関しては、いつもそんな風に着想しています。

こんな話をすると、もうひとつ別の問題といいますか、不思議がられることがあるんです。ぼくは映画とかテレビドラマとかの仕事をしているわけですから、そもそもマスメディアとかマーケティングとかと近い立場にいるはずだと。なのに、どうして最大公約数的なものじゃない事柄に魅力を感じてるんですか？　みたいな質問を受けることがあるんです。

これをぼくは「審査員特別賞問題」と呼んでるんですけども(笑)。ちょっとその話をしますね。これはいまの「着想」に繋がる「プレゼンターの眼差し」についての話になってくるかもしれませんし、個々人の資質をプレゼンに活《い》かすにはどうしたらいいのか？　そういったことについて考える話になるかもしれません。

あなたの資質はグランプリなのか、審査員特別賞なのか？

ぼくの好きな映画って、子供の頃から審査員特別賞寄りのものが多いんです。

例えば、どこかの映画祭で賞を獲《と》った映画だとしても、グランプリは受賞できなかったけど、審査員特別賞を受賞した、っていう作品がどうも好きなんですね。観客として。

わざわざそういう映画を狙い定めて観ているわけじゃないんですが、見終わってから「ああ、面白かった」とか「良い映画だったぁ……」とかしみじみ感じるものを調べると、ほぼ外れなくグランプリを逃してるけど、審査員特別賞は獲れた、みたいな映画ばっかりなんです（笑）。不思議ですよね。

そもそも審査員特別賞というのは、どういう賞なのかということですね。

カンヌやベルリンなど、世界中にはいろいろな映画祭がありますが、大体どこの映画祭でも、最優秀作品賞というものがあって。いわゆるグランプリと呼ばれる賞ですね。これは複数名いるその年の映画祭の審査員たちが意見を出し合って、最終的に全員一致して与える賞なんです。

つまり、満場一致というか、まぁ、仮にそうじゃないにしても、最終的に「この1本が最高賞です」と審査員全員が言い張れる、ある種のバランスの取れた作品が選ばれるわけです。

一方で審査員特別賞というのは、審査員のうちの誰かひとりが、そのひと独自の眼差しを基準にして与える賞なんです。満場一致で授与されるのではなくて、誰かひとりの個人的な価値観の眼差しによって評価された作品とでもいいますか。

ですから、もし同じ映画が翌年出品されていたら、賞を獲れないかもしれないんです。

その年の審査員の中に「その映画を魅力的だと感じる審査員がいたから」こそ授与される賞ということです。

つまりこの審査員特別賞というのは、ひと言で言うと「ひとによる価値」の象徴なんです。最大公約数的な観点からは外れてしまうかもしれないけれど、でも、「それ」を美しいと感じるひとはいる、面白いと感じるひとは必ずいる。その数はもしかしたら大勢ではないのかもしれないけれど、同じようにその作品を愛したり、その作品から励まされたりするひとは必ずいる。だから、その価値は「ないこと」にはできないし、したくない。すべてがそうだとは言えないですけど、審査員特別賞には、多かれ少なかれ、そんな眼差しが含まれているんじゃないかと、ぼくは感じています。

そういう、「個人による評価、個人による価値」というものが、そもそも好きなんですね。観客として。消費者として。

だからでしょうね。子供の頃から映画に限らず、食べ物だったり、おもちゃだったり、絵の具の色だったり、何でもいいんですけど、「これ、美味しいよね」とか「これ、綺麗だよね」とか言うと、クラスの皆から「……そうか?」みたいな顔をされることが割と多くて。そういうときは、ちょっと「しょぼん」としちゃったりするわけですけど(笑)。なんか寂しいなぁ、みたいな感じで。

でも、嫌われたくないからと思って、無理して皆に合わせようとすると大体失敗するんですよね。流行ってるから、とか、みんなやってるからとか思って、メガヒットしてる映画とか音楽とかおもちゃとかを慌てて追いかけようとすると、なんかあんまり楽しめなかったりする、という。

ただの天邪鬼《あまのじゃく》なんじゃないか、とか言われたりもするんですけど、自分としてはそんなつもりは全然ないんですよね。むしろ、自分が楽しいとか綺麗とか感じてるものが、周りから否定された気分になることが多くて、傷ついてるような感覚です。

審査員特別賞でも、あなたらしくあればそれでいい

で、面白いのが……まぁ、面白いというか興味深いのが、それって消費者としてだけじゃなかった、ってことなんです。

実はぼく、生まれて初めて作った自主映画が、昔、ある国際映画祭で賞をいただいたんです。それがグランプリじゃなくて、文字通り、審査員特別賞だったという(笑)。もう25年近くも前の、学生だった頃の話ですけど。

そのときもやっぱり審査員は複数いたんですけど、みんな全然評価してくれなくて。でも、審査委員長だったひとが、そのひとだけが「いや、これは良い」と言い張ってくれて受賞できたんですね。

フレデリック・トール・フレデリクソン(*21)さんというアイスランドの監督さんで、『春に

して君を想う』という映画でアカデミー賞の外国語映画賞を受賞した方です。

他の審査員は全員、「なんだこれ、全然ダメじゃん」とか「意味が分からない」とか言っていたらしいんですけど(笑)。そうしたら面白かったのが、その映画祭の打ち上げというかパーティーの席で、フレデリクソンさんが声をかけてくれて、ぼくのことを「ジャパニーズ・ヨーロピアン」だって言うんですよ。要するに日本人っぽくないと。それで「お前の映画は多分誤解されやすいから、プロになったら苦労するかもな」って言うわけです。

イヤなこと言うなぁ、と思いましたが、まぁ、実際そのとおりになっちゃったんですけど(笑)。


で、何が言いたかったかというと、消費者として、受け手として審査員特別賞的なるものが好きだったわけですが、いざ自分が映画を作ってみたら、やっぱりそういうものになってしまったというところがまた面白いなぁ、と思ったんです。

そういう性質の人間なのに、マスメディアの最大公約数を対象にしなきゃいけないテレビドラマだったり、シネコンでやるような、要はマーケティングと密接な関係にあるブロックバスター映画に関わったりしてることのジレンマについては、また別の機会にお話しするとしてですね。

どこかにそういう資質が、自分にはあると。

結局自分が自分らしく、自然体でいようとすると、この「審査員特別賞問題」というのが必ず浮上してくる。大多数の大衆から受け入れられているものよりも、少数派のひとたちが認めるもののほうが性に合うのは事実ですし、要するに自分はマジョリティではなくマイノリティなんじゃないか。

そんなことを考えると不安になったり、ちょっと悲しくなったりもするわけです。でも、それでもいいんじゃないかと思わせてくれたのが『タマフル』なんですね。リスナーとして、それはもう大変に勇気をもらいましたよ、やっぱり。

しかも、のちに演者として、プレゼンターとして、ぼくの感覚や眼差しを、そのまま受け止めてくれた番組でもありました。感謝してもしきれません。

それで、この「審査員特別賞問題」というのは、実は誰にでも起こりうることじゃないかなと思うんです。つまり、本当に私はグランプリな人間ですと、最大公約数が評価しているものを、本当に心の底から愛しているんですよ、って言い切れるひと、実際どのくらいいるんだろうとすごく思うんです。

消費物としては楽しんでいるのかもしれないけれど、本当に心の底から愛していたり、人生にある種の深刻な影響を与えられたと感じてるのかというと、どうなんだろう、っていう。

もちろん、そういう最大公約数の流れに反発することが目的化してしまって、マニアックなほうに行くというアプローチをするというひともいるとは思います。でも、そうじゃなくて、本当に自然なこととして「私らしくいられるもの」を追いかけていたら、図らずも流行とかメガヒットとは真逆のものに行き着いてしまったとしても、「それ」が一番心地よいと感じるんだったら、それでいいはずなんですよね。

うまく言えないんですけど、そういう感覚を大切に、つまり審査員特別賞的な眼差しを大事にしながら、プレゼンできたらいいな、といつも思っています。

ぼく自身がリスナーとして『タマフル』から勇気をもらったように、何か少しでも……例えば、「へぇ、ブルボンか。そういえば最近食べてなかったな。たまには買ってみようかな」とか「そういえば、子供の頃、ぬいぐるみ好きだったな。たまには押し入れから出してみようかな」とか「忙しくて温泉とか行く時間ないけど、入浴剤を見に薬局行ってみようかな」とか、そんな風に感じてもらえたら嬉しいなぁと思うんです。

あるいは、「へぇ、未公開映画って気にしたことなかったな。ビデオ屋さんで探してみようかな」とか「そっか、スクリプトドクターなんて仕事があるんだ。今度、自分の好きなあの映画、シナリオに注目して見直してみようかな」とか、そんな感じで、リスナーの皆さんの生活の中で、何か新しい選択や行動に繋がるようなご提案ができたらいいなぁって思うんです。

もちろん実際にその人たちと直接お会いしてお話ししたりするのは難しいかもしれないけど、

心の中では対話ができるんじゃないか。放送を通じて「伝え、伝えられ」という循環は生み出せるんじゃないか、と思うんです。

そういうのも、プレゼンテーションの醍醐味《だいごみ》だし、可能性だったり、魅力だったりするんじゃないかと思うんですね。

ですから、プレゼンというものが過度に難しいものに感じられたり、あるいは苦痛に感じられたり、来週の社内プレゼンとか学校のプレゼンのことを考えると、ついお腹が痛くなっちゃったりするというようなひとは、つまり特別な着想を得ようとして苦しんでいるひとは、どこかで無理をしてないか。誰かのフリをしようとしてないか、ちょっと疑ってみてほしいんです。

つまり、あなたなりの「審査員特別賞」というものを、素直に追いかけられない状態にいるのではないか。そんなことを考えてみてほしいんです。

もちろん仕事でこういう題材でやらなければいけない、こういうアプローチをしなければいけないということはあると思います。でも、もしかしたら、ほんのちょっとの苦手意識だったり、自意識だったりがかえって「あなたらしさ」の邪魔をしてる可能性はないでしょうか？という。

つまり最初のほうで、ぼくから指名されたおふたりが「ドキッ」っとしてしまったような状態が邪魔をしてるんじゃないか。その可能性を見直してみてはどうでしょうか。

本当にその題材に対して、つまり仕事であてがわれてしまったモチーフに対して、すべての方面からあなたと合致できる部分や角度がまったくないのか、なんとなく敵対しているように感じているかもしれないけど、和解して握手できそうなところは本当にないのか、互いに触れ合えるところがまったくないのかというと、そんなことはないいんじゃないかという気もするんです。

そういう意味では、「あなたがあなたでいられる心持ち」つまり、「あなたの資質」というものを知っておくということが、プレゼンテーションにとってはとても重要なんじゃないかと思うんです。

一方で、これが私の資質です、私にはこういう面しかありません、と決めつけてしまうと、窮屈《きゅうくつ》になるかもしれません。そういうときは、「いやいや、それは思い込みの可能性もあるぞ。ここは疑う価値があるかもしれないぞ」と自問してみることも大切かもしれないですよね。「私ってこういうひとなんで」という決めつけに「待った」をかける。そうすればプレゼンの、つまり対話の幅が広がったり、対話の層が厚くなっていくかもしれない、そんな風に思うわけです。

ではですね、このあとは、プレゼンテーションの【構成】について考えます。

「どの順番で伝えるか？」という要素ですね。

ここからさらに深いところに入っていくつもりですが、そろそろいい時間なので、ここでいったん休憩を入れようかと思います。

（休憩）

【注】

*1……「怪獣が倒れるシーン」　2016年7月2日に『タマフル』のコーナー「サタデーナイト・ラボ」で放送された、三宅隆太出演の「怪獣が倒れるシーン特集」のこと。本書62ページにも解説あり。

*2……豊島圭介　映画監督、脚本家。中原俊、篠原哲雄監督作品などの脚本を手がけつつ、2003年にBS-iの怪奇ドラマ『怪談新耳袋』シリーズで監督デビュー。以降も数多くの映画やドラマの監督、脚本などを務めている。

*3……『呪怨 白い老女』　2009年6月公開のホラー映画。監督・脚本／三宅隆太。原案・監修／清水崇。主演／南明奈。『呪怨』シリーズのスピンオフにあたる作品。『呪怨 黒い少

女』（監督・脚本／安里麻里）と共に同時公開された。

*4……『クロユリ団地』　2013年5月公開のホラー映画。監督／中田秀夫。企画／秋元康。脚本／加藤淳也、三宅隆太。主演／前田敦子、成宮寛貴。

*5……『スクリプトドクターの脚本教室・初級篇』　2015年6月に新書館より刊行された三宅隆太の著書。2016年6月には第2弾となる『スクリプトドクターの脚本教室・中級篇』も刊行された。

*6……「タマフル24時間ラジオ」　2015年から始まった、年に一度の『タマフル』の夏の大イベント「タマフル24時間ラジオ」のこと。ニコニコ生放送と連動しておこなわれる、24時間に及ぶ特別生放送企画。

*7……「タマフル映画祭2016」　2016年4月8日、新宿バルト9で開催された『タマフル』のオールナイト上映イベント。「ときめきガンアクション・ムービー2本立て！with三宅隆太」というサブタイトルで、三宅隆太が選出した映画『復讐捜査線』『天使の処刑人　バイオレット&デイジー』の2本が、トークショー付きで上映された。

*8……ウェブ連載　ウェブマガジン「よみもの.com」にて連載していた「これ、なんで劇場公開しなかったんですか？」のこと。のちの2017年3月、誠文堂新光社より『これ、なんで劇場公開しなかったんですか？〜スクリプトドクターが教える未公開映画の愉しみ方〜』として書籍化された。

*9……岡田有希子　アイドル歌手。オーディション番組『スター誕生！』（日本テレビ系）で優勝し、１９８４年にシングル『ファースト・デイト』でデビュー。〝ポスト松田聖子〟と称されるほどの人気の中、１９８６年４月８日、所属事務所の屋上から飛び降り自殺をし、18歳という若さでこの世を去った。

*10……橋本吉史　ＴＢＳラジオのプロデューサー。通称「橋Ｐ」。『タマフル』を立ち上げ、２００９年まで番組プロデューサーを担当。以後も「番組名誉プロデューサー」として関わる。

*11……妹尾匡夫　放送作家。『タマフル』の番組アドバイザー。通称は「せのちん」。

*12……小荒井弥　『タマフル』の番組音楽ディレクター。ＤＪネームは「Kit Koala-i」。

*13……しまおまほ　漫画家、イラストレーター、エッセイスト。『タマフル』黎明期から、番組レギュラーとしてコーナーを担当。ＴＢＳラジオのヘビーリスナーとしても知られている。

*14……「放課後ポッドキャスト」　『タマフル』の本放送終了後、スタジオにタマフルクルーやゲストなどが残ってトークをし、ポッドキャストで配信していた不定期コーナーの名称。現在は「放課後ＣＬＯＵＤ」として、ラジオクラウドで聴くことができる。

*15……『ケータイ刑事　銭形シリーズ』　２００２年10月よりＢＳ－ｉ（ＢＳ－ＴＢＳ）で放送された連続テレビドラマシリーズ。三宅隆太は『ケータイ刑事　銭形舞』『ケータイ刑事　銭形泪』『ケータイ刑事　銭形雷』『ケータイ刑事　銭形海』『ケータイ刑事　銭形命』の脚本などで参加。

*16……『怪談新耳袋』　２００３年２月よりＢＳ－ｉ（ＢＳ－ＴＢＳ）で放送された、ショート

フィルム形式のホラードラマシリーズ。三宅隆太は「第一シリーズ」「第三シリーズ」「第五シリーズ」「怪談新耳袋 スペシャル」「怪談新耳袋 百物語」『映画 怪談新耳袋 劇場版』『映画 怪談新耳袋 怪奇』の脚本・監督などで参加。

*17……『東京少女』 2008年4月よりBS-i(BS-TBS)で放送された、連続テレビドラマシリーズ。毎月ひとりの女優が、週替わりで別々の役柄を演じるドラマ。三宅隆太は『東京少女 草刈麻有』『東京少女 岡本あずさ』『東京少女 真野恵里菜』の脚本で参加。

*18……『女子大生会計士の事件簿』 2008年10月よりBS-i(BS-TBS)で放送された連続テレビドラマシリーズ。原作は山田真哉による大ヒット小説。三宅隆太は脚本で参加。

*19……「ザ・シネマハスラー」 かつての『タマフル』の映画批評コーナー。あらかじめスタッフが選んだ映画からサイコロを振って観る映画を決め、翌週に宇多丸がその作品の評論をする。2013年の3月30日に終了し、4月6日からは「週刊映画時評 ムービーウォッチメン」という名でリニューアルされた。

*20……「週刊映画批評 ムービーウォッチメン」 『タマフル』の映画批評コーナー。あらかじめスタッフが選んだ映画からムービーガチャ(カプセル自販機)を回して観る映画を決め、翌週に宇多丸がその映画を評論をする『タマフル』のメインコーナーのひとつ。

*21……フレデリック・トール・フレデリクソン アイスランドの映画監督。監督作として『春にして君を想う』、『ムービー・デイズ』、『コールドフィーバー』などがある。

第2部

自己開示こそがプレゼンの真髄となる

脚本にとって重要なのは、台詞より構成

三宅　では、後半始めますね。【構成】についてです。

プレゼンテーションというのは、着想はもちろんのこと、構成も非常に重要だと思います。着想が「何について話すのか」を決めることだとすると、構成はそれを「どのような順番で伝えていくのか」ということといえるかもしれません。

構成というキーワードを出すと、「あなたが一番得意なことでしょ？」と指摘されることがあります。これはぼくが脚本家であり、脚本のお医者さんというスクリプトドクターの仕事をしていることからだと思います。

確かに「脚本」に関していえば、構成は最も重要な要素です。

台詞が一番重要だと思われがちですが、より一層重きを置かれるのは構成のほうなんです。なぜかというと構成が下手だと台詞も下手になるからです。台詞は構成という土台の上に置かれるものなので、独立して存在することはできませんし、切り離された状態で機能するもので

もありません。

もちろん「君の瞳に乾杯」とか「そんな昔のことは覚えていない。そんな先のことは分からない」というような「映画史に残る名台詞」の類いの中には、それ自体が「独立した優れた台詞」として語られているものもあります。実際、独立して語っても「気の利いた文句」という意味では、名台詞として機能しているといえなくもない。

しかし､本来の「良い台詞」というものは､必ずしも単体で耳にしても素敵に聞こえたり、かっこよく聞こえるべきものではないんです。

「ありがとう」とか「さようなら」とか「お腹空いた」とか「あれ、雨降ってきたね」とか、そういう、ともすると何のことはない、独立して聞くと、さほど価値もないように感じる台詞でも、その台詞が発せられる場面に至るまでの構成如何によっては、とんでもないくらいに感動的に聞こえたり、名台詞に変化したりするものです。

どのような人物が、どのような出来事と出会い、どのように苦しんだり、どのように悩んだりを繰り返した末に、どのような選択と行動をして、そのひと言を口にしたか。

その瞬間に至るシーンやエピソードの流れが、どのように積まれていったかで、個々の台詞の意味合いも価値も大きく変わっていきます。

つまり、良い台詞の存在価値は、構成によって定まってしまうということなんです。

プレゼンも同じだとぼくは思います。何を、どの順番で話していくのか、伝えていくのかで、そのプレゼンが良質だったか否かの評価が「ある程度は」決まってくる。少なくとも、構成しだいで聴き手の印象はまったく異なってくるはずです。

構成を細かく意識しすぎると、うまくいかない

『タマフル』でのプレゼンに関して、「どうしてあんな風にスムーズに話を進められるのか?」「どこまで構成を意識しているのか?」とよく質問されます。

要するにこれは、事前に頭の中で話す内容と展開ができあがっていて、概ねそのとおりにしゃべっているのかどうかという質問だと思うんですけど、結論から申し上げれば、違います。そうではありません。何について話すかの「着想」についてはかなり考えますが、それをどう伝えるかの「構成」に関しては、実はほとんど何も考えずに当日の本番を迎えています。

とはいったものの、実は、初めて『タマフル』に出演させていただいた「真夏の現代ホラー映画最前線講座!!」に関しては、かなり細かい構成を作っていきました。この話題から始めて、この展開に持っていって、この順番でこのエピソードを話したら、それを受けてこのトピックに話題を移して、そしたらそのあと、この要素を持ってきて……という具合に。

こういうやり方をしてどうなったかというと、案の定、失敗しました。

（会場から「えーっ」という声が複数あがる）

いまの「えーっ」という声をあげた方たちは、そのときの回を聴いていただいた方たちだと思うんですけど（笑）。ありがとうございます。いまの反応を見る限り、きっとそれなりのクオリティには聴こえていたのだと思います。でも、ぼくとしては非常に学びの大きい失敗をしたのは事実です。

というのも、あのときのぼくは「他人に伝えたいこと」よりも「自分が言いたいこと」を話していただけのような気がしてならないからです。

最近の『タマフル』の出演回に関していえば、ほとんど打ち合わせもないという状態です。回数を重ねたことで、クルーの皆さんがぼくを信頼してくれるようになった。つまり「三宅に関しては、本人に任せておけば大丈夫だ」と思ってくれているというのもありますし、ぼく自身、あまり細かい打ち合わせを重ねて構成をガチガチに固めたくないと考えるようになったからです。

プレゼンというものは、構成を細かく意識しすぎると、あまりうまくいかなくなるんじゃないかとぼくは思ってます。対話形式の場合は特にそうです。どうしてかというと、構成を固めてしまうと、自分が言いたいことに意識が向きすぎて、目の前の相手が、例えば宇多丸さんが訊きたいこと、あるいは聴きたいことを、意図的ではないにしろ、ないがしろにしてしまう危険性があるんじゃないかと感じるからです。

宇多丸さんがぼくのどの言葉に、どのように反応するかは、実際に対話を始めてみないと分かりません。こちらが一方的に言いたいことだけを用意してきて、それをこの順番で、これだけの数のトピックを話し続けないとプレゼンが成立しないんだ！　だって、そういうプランなんだから！　みたいに決めつけて臨んでしまうと、宇多丸さんという「ひと」にではなく、壁に向かって話しているのと同じになってしまう。ただのインタビューへの回答というか、事前に録音しておけばいいじゃんみたいになってしまうかもしれない。

対話形式というのはそうじゃないと。相手の反応や、その場で起きたことに対応することが大切だと思うんです。というか、思うようになったんですね。

そういうわけで、最近はもっぱら構成は立てずに臨んでいます。

言いたいことを言うだけなら、ただの独り言

そうは言いながらも、毎回それなりにスムーズなプレゼンができているのは、おそらくざっくりとした「構成というもの」の「本質」みたいなものが腑に落ちているからだとは思います。ただし、これは構成というよりも、構造のレベルの話です。

構成と構造の違いがちょっと分かりづらいかもしれませんね。構造というのは、簡単に言うと、要素の配置の仕方によって、題材の形状や役割を明確化するものです。

例えば、テーブル。最もシンプルなテーブルの構造は「4本の脚の上に天板が乗っかっているもの」となります。もちろん一本脚のテーブルもあるでしょうし、六本脚のテーブルもあるとは思いますが、「四本脚に天板が乗っかっているもの」というのが、万国共通のテーブルの概念ではないでしょうか。

このように、構造は、あくまでも大枠の外的な要素の集合体なので、ある程度抽象化して共有することが可能な概念でもあります。ウチのテーブルが、とか学校のテーブルが、とか職場にあるテーブルが、といった会話が可能なのは、多くのひとにとってテーブルの構造が同じものだという共通認識があるためです。

一方で構成はというと、もっと細かくて具体性のあるものですし、むしろ内的な要素です。テーブルの場合、４本の脚に車輪をつけて移動できるようにするとか、天板を漆塗りにするかステンレスにするのかで用途が変わってきますし、天板の形を正方形にするか長方形にするか円形にするのか、あるいは金色にするか緑色にするか朱色にするのかで、使うひとの印象も変わってきます。

こういう細かい部分に入ると構成になります。構成はディティールレベルの話なので、極めて具体的ですが、抽象化が難しいため、概念として共有しづらくもなります。

例えば、実家にあるテーブルこそがテーブルである、と感じているひとがいた場合。そのテーブルには車輪がついているとします。だからといって、目の前の相手に対して、いきなり車輪の話を始めても、相手にとっては、それがテーブルについての話だとは分かりづらいですし、誰の家のテーブルも天板がガラス張りなわけではありませんから、「テーブルの上に食器を置くのって緊張するよね」なんて話から入っても「どうして?」となるかもしれません。

それと、今日はテーブルの話をするぞ、という共有認識がある中で、突然トイレの話をしはじめたら、必然的にプレゼンの構造はズレていきます。テーブルとトイレとでは、使う用途が違うという以前に、そもそも構造がまったく違うものからです。

ですから、テーブルはあくまでも「4本の脚に天板が乗っかっているもの」である、という認識をしっかりと持って、毎回プレゼンするよう心がけています。

ぼくが重視しているプレゼンの構造というのは、とりわけ時間配分に関する構造です。起承転結、序破急《じょはきゅう》、3幕構成。呼び方は何でもいいんですが、どんな題材が来ても、コーナーの時間内に収まるように、テーマがズレたりしないようにと、ある程度対応できるようになったのは、この「時間配分の構造の仕組み」が体に染みついているからなんだと思います。

これがないと、一連のプレゼンは成り立っていなかったかもしれません。


というのもですね、『タマフル』は生放送の番組ですから、時によってはアクシデンタルなことも発生するわけです。例えば、「怪獣が倒れるシーン特集」のときなんかがそうだったんですけど、覚えていらっしゃいますか?

ニコニコ動画で観たという方は分からないかもしれません。

コレ、ちょっと説明が要りますね(笑)。おそらく『タマフル』ファンのひとだと思うんですが、ウルトラマンとかの怪獣の映像を音声に合体させて、あの日の音源を上げてくれているひとがいまして。こういうのは、あまり推奨しちゃいけないのかもしれないですけど、とてもよくできた編集でした。ぼくもあれを観て腹を抱えて笑ったんですけど。でも、あのバージョンは実は放送時の「ある部分」がカットされてるんですね。

あの日は2016年の7月2日でした。「怪獣が倒れるシーン」の放送中に、ちょうどバングラデシュでテロ事件が起こったんです。宇多丸さんと対話をしている最中に、速報で差し込みが入ってきました。現地で日本人の方が何人も犠牲になったかもしれないというニュースが臨時で飛び込んできたんです。人命に関わる緊急事態ですからどうしようもないことですし、ぼくも事件のことが気になって心配で仕方ありませんでした。そこでいったんニュースフロアに放送を譲って、3〜4分ほどぼくのプレゼンが止まったということがありました。

つまり、尺が縮んだことによって、必然的にプレゼンの構成部分を変えざるを得なくなったということです。


いつもぼくが出させていただいている特集コーナー「サタデーナイト・ラボ」(*1)は、元々は1時間の枠でした。ですから「ホラーの作り方」とか「スクリプトドクター」とかの初期の頃は、1時間丸々プレゼンをしていたわけです。

ところが、のちに番組の尺自体が変わったことで現在は30分ぐらいに短縮されています。場合によっては20数分のときもある。そういう状況の中で、当初ぼくが出させていただいていた頃と同じ構成というわけにはいかないんです。半分の、あるいは半分以下の時間だと、プレゼンできることの量も質もまったく違ってくるんですね。

さらにそこに、臨時ニュースが飛び込んでくるというような、何かしらのアクシデントが起こった場合、もしも事前にガチガチに構成を固めて臨んでいたとしたら、おそらくパニックを起こすわけです。反射的に「じゃあ、ここから先は早口でしゃべらなきゃ」とか「宇多丸さんの質問を遮ってでも、ここここは絶対に話すようにしなきゃ」というような考えが頭をよぎる危険性はあります。

そうなると、心の中はもう完全に「自分中心主義」になってしまいますよね。わたしわたし、おれおれ、ぼくぼく、拙者拙者《せっしゃせっしゃ》……になっちゃう。

宇多丸さんもぼくとの対話を楽しめなくなるし、聴いているリスナーの方たちもよく分かんなくなってしまう。単に自分の言いたいことを言いたいから言った、以上。となったら本末転倒です。そんなのはプレゼンでも何でもありません。ただの独り言です。

ですから、ああいうときは、つまりアクシデントが発生して時間を短縮しなきゃならなくなったときは、「何を話すか」はそのままに、「どう話すか」の部分を切り替えていかなければならない。

つまり、構造は変えずに、構成を変更したり、組み替えたりしないといけないんです。

でも、それは割と得意なほうで、むしろ集中力が上がります。「さぁ、どうしよう」「どうやって構造を変えずに、構成だけ変えようか」みたいな状況は決して嫌いじゃないんですね。

この能力は脚本家とかスクリプトドクターとして身につけたものではなくて、もっとはるか前に「耳」から手に入れたテクニックなんだと思います。

ひと言で言うと、音楽の「転調」という概念を流用するんです。

ポピュラーソングの「転調」からヒントを得て

これはあまり外で言ったことはないんですが、「ウォークマン問題」と呼んでいるトピックです。中学生のときに初めて、ぼくはウォークマンというものを親戚か誰かから中古で譲り受けたんです。ここで言うウォークマンというのは、カセットテープで聴く昔の古いウォークマンのことです。いわゆるヘッドホンステレオですね。

そのウォークマンを手に入れて以来30年、ぼくは外出するときに、常に必ずイヤホンをして音楽を聴くようにしています。今日この場所に来る道すがらも聴いていました。現在はさすがにｉＰｏｄですけど。でも、媒体がカセットテープからＭＰ３に替わったというだけで、やってることは当時と一緒なんです。

何を聴いているのかというと、大体ポピュラーソングです。中学生の頃は80年代でしたから、アメリカのロックが好きだったのでそういうものばかり聴いていました。最近は日本のポピュラーソングをよく聴きます。いわゆるヒットしている曲はあまりよく知らないので、仕事の関係でいただいたりするアイドルの曲などが多いですね。

その聴き方にちょっと癖がありまして。ぼくは昔から「曲が転調する瞬間」ばかり巻き戻して聴く癖があるんです。カセットテープ時代のウォークマンだと、再生ボタンを押し切った状態のまま巻き戻しボタンを押すと、「キュルル」って少しだけ戻るというのがあったんですが、覚えてますか？

あれでテープが伸びてしまうんですけどね。それですぐにウォークマンが壊れちゃったりもするんですけど（笑）。

とにかく、あの聴き方がすごく好きで、未だにｉＰｏｄでもホイールを回しながら同じ聴き方をしています。「転調の瞬間」を繰り返し繰り返し、何度も聴く。ぼくは「転調」がものすごく好きなんです。

転調というのはつまり、それまでの流れが新たな流れに変わる瞬間のことです。

なんでそんな変な聴き方をするの？ってよく訊かれるんですけど、これは多分きっと、ぼくという人間の資質と非常に関係があるんだと思うんです。普段の暮らしの中でも、転調と言うとおかしいんですが、「いま、流れが変わった！」みたいな瞬間がすごく好きなんですね。自分以外の外側からの何らかの攻撃とか、圧力とかトラブルとか、何かしらの問題が発生したと。で、うわ大変だ！　何とかしなきゃ！　どうしよう……。そうだ、新しい選択と行動が必要だ！　みたいに心をきり替える瞬間にワクワクするんです。

これまでどおりにしておけばいいや、とか、このほうがラクでいいや、といったルーティンになっている行動とか選択が続くのが、どうもあまり好きじゃないんですよね。

もしかしたら飽きっぽいのかもしれないですけど、同じようなことが続くと、すぐにつまらなくなっちゃう。このほうが絶対ラクだぞとは思いつつ、でもあまり楽しくは感じない。むしろ自分の思いどおりにいかなくなるときが好きというか。こんなこと言うと、なんだかマゾっぽくて嫌なんですけど（笑）。でも、真面目な話、自分の思いどおりにいかなくなる状況は好きですね。ヤバい！　どうやって対処しよう！　みたいな感じになって脳が活性化するというか。

そもそも何かを解決すること自体が好きなのかもしれません。

もしかしたら、スクリプトドクターをやってるのもそういう理由かもしれませんね。

「転調」はクリエイティブな飛躍のチャンス

例えば、脚本家としての仕事をしている中で、理不尽なプレッシャーがかかることが多々あります。たまに、くそっコイツ殺してやりたい！　みたいに感じるプロデューサーとかもいるんですよ（笑）。

あと、明らかにうまくいってる脚本に、とんちんかんなオーダーをどんどん追加して壊していっちゃう馬鹿みたいな監督もいたりするんですが（笑）。

でも、そういうときこそ「転調」だと思っちゃうんですね。予想外のことが起きたぞ！　いまだ、転調だ、「キュルル！」みたいな感じで。自分に対しての否定的な言葉や、むかついたフレーズっていうのを、本来は聴きたくないものですし、思い出すのも嫌なはずなんですが、むしろぼくの場合、心の中で巻き戻して、注意深く何度も何度も再生するんです。そうすると、最初は「厄介な問題」としか思えなかった相手の言動が、だんだんいろんな角度で捉えられるようになってきて、最初とは違う側面に気づいたり、当初とは解釈を変えられたりする。しんどい感情に繰り返し浸ることで、むしろそれがクリエイティブな飛躍に繋がるヒントになるかもしれない！　と解釈するんです。そうすると、ものすごくワクワクしてくるんですね。

例えば、本当にどうしようもなく面倒くさいプロデューサーとか監督との打ち合わせとかもあるんですけど（笑）。そういうときってものすごく疲弊《ひへい》しますし、もうコイツらの顔も見たくない！　と、まずは思うんです。そうなると、次の打ち合わせが嫌になりますよね。「次の打ち合わせ、もっと先になればいいのに……」とか思っちゃうんですけど。でも、先延ばしにすると、嫌な気分が停滞してしまって、もっと嫌になっちゃうのが分かる。

それが嫌なんです。転調しなくなっちゃう気がして嫌なんです。なのでぼくの場合、「嫌だなぁ、次の打ち合わせ」と思いつつ、むしろスケジュールを早めてもらうんです。例えば「1週間後でいいですか？」って訊かれたら、「明後日《あさって》空いてます！」と言っちゃうんですよ。

これも実はカセットで「キュルル！」とやっていたのと似ていて、一刻も早く「転調できる可能性がある瞬間」に戻りたいというか、停滞してピンチになっちゃいそうな瞬間を、転調できるチャンスに変えられないかな、変えられたら楽しいのに！って。そういう思いが多分すごく強いんです。

こういう思考の流れをうらやましい、とおっしゃるひとが時々います。どうやったらそんな風に考えられるの？って訊かれるんですね。でも、これがまさに「耳」から仕入れた「構成」の考え方だと、自分では感じています。つまり、ウォークマンでポピュラーソングを聴きまくったことで手に入れたテクニックというか。

ぼくの場合、目に見えるものよりも、耳から入ってくるもののほうに刺激を受けることが圧倒的に多くて。子供の頃から文字を読んだり、映像を観たりするよりも、ひとの声を聴くほうが好きでしたし、感じ取れることも多かったんです。実は映画とかテレビドラマを監督していても、通常、監督って現場から少し離れた場所に置かれたモニターの前に座って本番を観るひとが多いんですけど、ぼくはそれだとよく分からなくなっちゃうんです。モニターの画面越しだと、いろんなことがむしろよく観えなくなったり、聴こえなくなったりするように「感じる」んですね。

要するに、モニターは嘘つきだと思ってるんです。信用してないんですよ。

なので、本番のときはモニターの前じゃなくて、現場の、俳優の一番近くにいるようにしています。彼らや彼女らの「生の声」を聴きたいんですね。俳優の心のブレだったり不安だったり、あるいは悩みとか、いまの芝居ちょっと自意識が出ちゃったなという、彼らの内面に発生した想いを、誰よりもすぐに気づいてあげたいんです。なのでモニターの前ではなく、カメラのレンズのすぐそばにいるようにしてるんですけれども、多分それも感覚的には近いことだと思うんです。

ポピュラーソングの構成から学ぶ

中学時代からポピュラーソングを繰り返し聴いてきて感じたことは、それらにはある程度共通した基本の構成があって、そこには一定の法則性が存在するということでした。

これはもしかして音楽の専門家の方が見たら「それ間違ってるぞ！」ってなるのかもしれないんですが、あくまでも「ぼくの感じたこと」ということで、多少大目に見てください（笑）。

概ね、こんな構成なんじゃないかと思うんですけど。

ポピュラーソングの基本構成

・イントロ（or サビ）
・Aメロ（＋A''）
・Bメロ（＋B''）
・1サビ（Cメロ）

・Aメロ（＋A''）
・Bメロ（＋B''）
・2サビ（Cメロ）
・間奏
・タメ（間奏アレンジ）
・大サビ（Cメロ）×2
・アウトロ

大抵の場合、イントロかサビから始まって、Aメロ、Bメロ、1サビ、つまりCメロですね。これで1番がまず終わる。で2番になる。またAメロ、Bメロ、2サビ、間奏にいって、タメがあって、大サビでCメロを2〜3回やって、アウトロになる。で、そのまま終わるみたいな感じです。

古川さん、大体合っていますか？　大丈夫ですか？

古川　合っていると思います。大丈夫です。

三宅　ああ良かった（笑）。おそらく、いま挙げたような構成が体感的に染みついてるんです。

例えばですけど、AメロとBメロとの関係性、BメロとCメロ（サビ）との関係性は、曲の1番でも2番でも変わりませんよね。同じ関係性を保ったまま転調している。

転調の関係性が変わらない以上、1番のAメロから2番のBメロに繋いだり、2番のBメロから間奏後のCメロ（大サビ）に繋ぐことも可能です。もちろん1番と2番とでは歌詞の内容が違うわけですから、意味性としての「構成」は崩れてしまうわけですけど、メロディ同士の関係性は保たれているので、曲の構造自体は変えずに聴かせることができます。転調部分さえ繋がっていれば、曲としての一貫性は保たれるわけです。

歌番組に出演したミュージシャンとかアイドルグループが、オリジナルの楽曲を短くしたバージョンを歌うことがありますよね？ Aメロ、Bメロ、Cメロの転調の関係性はそのままに、放送時間に合わせてエディットした短縮版を披露するわけですけど、あの感じに近いかもしれませんね。

ですから、さきほどお話しした宇多丸さんと対話をしている最中に、アクシデントが発生したときにも、この考え方を応用して、話題を繋げられる次のブロックに「転調」させるという対応をしました。その結果、着想や構造はそのままに、構成を縮めたプレゼンができたんだと思うんです。

実際、プレゼンの途中で、思いがけないことが起きたり、当初の予定よりも時間が短くなることは多々あります。そういうときに「事前に持ち込んだ構成のプラン」に執着していると、なかなか対応するのは難しい。本当はこの順番で進めてから、この内容に話題を持ち込みたかったんだけど……と自分では思っている、と。

でも、時間がない。なんとかしなくちゃいけない。そういうときは、一気に間奏まで飛ばして、大サビに持っていこうみたいな判断が必要になるわけです。

こういう変更というかアレンジは、大学の講義とか講演会の場でもよくやるんですけど、着想や構造はそのままにできるので、実は聴き手の印象をほとんど変えずにプレゼンを終えられることが多いですね。こちらで用意した細かな構成というのは、実はこちら側の考え方で決め込んだ順番でしかない。同じテーマに対して、プレゼンする側と同等の思考をする時間を持っていない聴き手からすると、実はあまり大した意味はないんです。

というより、プレゼンターが「持ち込んだ前提」というのは、単純にこちらの都合でしかないので、あまり機能しないんですよ。細かな構成にこだわるよりも、大きな意味での構造さえ維持できれば、その方が聴き手にとっては「着想の内容」に意識を向けやすくなることもあるんじゃないかと、ぼくは考えています。

認知のズレを生むのは「前提の持ち込み」

いまの話はほぼ無意識にやっていることだったんですけど、『タマフル』での「構成」に関しては、2つほど意識していることがあります。それは「認知への意識」です。

認知というのは人間が持っている精神機能のひとつです。簡単に言うと、「外界にある対象を知覚したうえで、それが何であるかを判断したり、解釈したりする過程のこと」を指します。

例えば、「お腹にあなたの子供がいるの。認知してよ！」というのも認知ですし、「それ本当に俺の子なのか……？　認知しないぞ」と言ってオロオロするのも認知です。

（会場で笑いが起きる）

いま、笑ってくださった方たちもぼくの話を「認知した」からこそ笑ってくださったのでしょうし、「なに言ってんだかよく分からないぞ」という顔をしてる方も、実はそれはそれで「認知をしてる」ということになります。

いずれにせよ「認知」は誰もが日々おこなっている行為です。しかしながら、認知の工程にはズレが生じることがあります。ズレというのは個々人での錯覚だったり、誤解だったり、思い込みだったりするんですが、これは最初のほうにお話しした「あなた以外の他人は皆、別の心を持っていて、別のことを感じ、考えている」という理由からも、どうしても避けられない、埋められない溝なんです。

とりわけ絶対に埋まらないのは「個人的興味」による「前提の持ち込み」です。

いまこの会場には60名ほどの方がいらっしゃるわけですが、60人ぶんの「個人的興味」というものを「前提」に、今日この場に来ていらっしゃるはずなんです。

そして、ぼくも「三宅隆太なりの個人的興味の前提」を持って、今日、いまここに立っています。つまり、全員がまったく異なる「前提」を持って対面しているわけです。このズレは残念ながらどうやっても埋まりません。埋めるための努力をすることは可能ですが、完全に埋めることは不可能です。それができたら、ここにいる60人は他人ではなく、ひとりの人間になってしまいます。それはそれでSF的で、ちょっと怖いですよね（笑）。

で、この「個人的興味による前提の持ち込み」はなぜ発生するかというと、「ひとりひとりの人生経験による記憶」が認知に強い影響を与えてしまうためなんです。

そして、なかなか厄介だと思うのは、この「個人的興味による前提」がプレゼンに悪影響を及ぼす危険性が高いという点です。簡単に言うと、話し手や聴き手の心に「思い込み」や「決めつけ」を呼び込んでしまう。「早とちり」もそのひとつです。

「早とちり」は、特に注意しなければいけない要素ですね。

例えばですが、今日この場で起きたことで言うと、冒頭でぼくが「プレゼンとは何だと思います？」といきなり振ったときに、最初のおふたりがドキッとした、と。彼らが「正しい答えを言わなければならない」とか、「間違わないようにしなければいけない」と感じてしまったとするなら、これも早とちりの可能性があります。

もちろん正しい答えなど言う必要はなく、間違えたって全然ＯＫなわけです。なぜならぼくは「あなたはどう思いますか？」と問うているだけだからです。「間違わないようにしろよ」とか「正しい答えを言えよ」という意図は、ぼくにはまったくありませんでした。ただ「プレゼンとは何だと思うか」と訊きたい。それがぼくの意図です。

ですから、その問いに対して、「私はこう思う」「こう考えている」ということを言えばいい。実はただそれだけのことなんです。

要は「意見」ですね、個人の。でも、この「個人の意見をそのまま言う」ということが、日本ではとても苦手なひとが多い。あ、なんかいまの言い方だと、ぼくが帰国子女みたいですけど、外国旅行は1回しかしたことがありません（笑）。

決めつけを解消する方法は自分を疑うこと

話を戻しますが、そもそも「人間というのは思い込みの動物」だと言われています。それが他の動物と決定的に違う「知恵」であると同時に、「決めつけ」というものを生んでしまう。残念ながら、ぼくたちはそういう宿命の中にあるんだと思うんです。

解消する方法はおそらくひとつしかありません。

何かの出来事と遭遇したとき、誰かと対話しているとき、「もしかして、自分は思い込んでいないか、と疑うこと」です。

必要なのは、ある種の謙虚さかもしれませんし、そもそも自分が当たり前だと思っていることが、他人からするとそうではないかもしれないよ、ということに着目する習慣を身につけることかもしれません。この感覚自体は、「チョコ、バナナ」「好き、嫌い」「相手の魅力的な特徴を伝え合う」というゲームを体験したことで、すでに皆さんは実感を抱いておられるかもしれませんね。

自らの思い込みを疑うためには、「新しい選択」と「行動」を起こさなければなりません。そうでないと、人間というのは、なかなか自分のことを疑えないからです。

あまりにも自然に思考してしまうことは、あまりにも自然であるがゆえに、疑う必要性を感じないものです。疑うという選択や行動自体に、ある種の面白味や価値を与えていかないと、心理の流れにくさびが打てないんですね。

そうなると結局、疑うこともしないまま、自分はこれで正しい、絶対に間違いないというような思い込みを呼んでしまう。

自戒も含めて、気をつけたいところではあります。

大切なのはシステムよりも共感

「伝える」ということが、つまりは対話がプレゼンである、と解釈して進めている今日の考え方としては、ぼくは多分、「カタチよりキモチ」のほうが大事なんじゃないかと思うんです。だからこそ、ずっとそういう話をしてきているわけですが。

これは表現を変えるとするならば、「システムよりも、共感を重視することが大切」ということじゃないかと思います。共感というのは言葉で言うのは簡単なんですが、実行するのはとても難しい。難しいですが、でも、とても価値があることだと思うんです。

共感にはいろいろな定義があります。よく言われていることは、「意識することなく、自然に他人の気持ちや、他人の感じ方に自分を同調させること」であると。「ひととひととの間に流れる情緒的な空気を読み取ることや、自分を他人の立場に置き換えて考えること、ひとの気持ちを傷つけない細やかな気配りをしながら言葉を交わし、相手をいたわること」を共感と呼ぶと。そういう定義が何かの本に書いてありました。なるほどと思いましたね。

ただ、ちょっと気をつけないといけないのは、相手をいたわる意図はあるものの、それゆえに早とちりをして「共感したつもり」になってしまうというケースです。自分のことを「頭の回転が早い人間」だと自負しているひとに多いんですが、相手の話の途中で「ああ、分かった分かった」と遮ってしまう。これって「共感したつもり」になっているだけで、実はただの早とちりかもしれない。

実際に相手が言いたかった真意は、中断されたそのあとに話すつもりだったのかもしれないですし、そもそも「分かったつもり」になっている解釈自体が間違っている可能性もある。あくまでも相手の想いありきでなければ、本当の意味での「共感」は成り立ちません。

具体的にはどうしたら実行できるんでしょうか？　おそらくは、「自分の物の見方が唯一絶対ではない」という真実とまずは向き合うことだと思います。つまり、「相手が考えていること、感じていることも同じくらいに重要だという視点に立つ」こと。そうやって初めて「共感が始まる」のではないか。そうすれば、結果的に自分を疑うことにも繋げていけると思うんですね。

的外れな意見を言われたら、その発言の原因を探ってみる

ぼくがプレゼンをする際に、対話をする際に、もうひとつ意識して実行していることがあります。

「相手の言ったことを否定しないで、いったん引き取る」ということです。『タマフル』での場面もさることながら、日頃、本業の脚本家としての打ち合わせの場で特に意識するようにしています。

先ほども申し上げたとおり、プロデューサーや監督が、ぼくが書いた脚本に対して、いろいろと直しや変更を要求してくるわけですが、このこと自体は仕事なのでまったく問題ありません。もちろん的外れなことを要求されたら、やはりそれなりに腹は立ちますけどね（笑）。それでも、ぼくの場合すぐに突き返したりはせず、意見をいったん引き取ります。

例えばそのひとが、ぼくからすると「納得できないこと」や「的外れなこと（的外れだと感じてしまうこと）」を言い張るとします。それが原因でぼくはむかついてしまう。この場合の「原因と結果」の関係性を、「的外れなことを言われた（原因）」「だからむかついた（結果）」であると決めつけてしまうと、いつまで経っても問題の芯の部分は解決しません。

これは危険な思考のプロセスです。大抵の場合、自分と全然違うことを言ってくるひとというのは、当人からすると「その前に原因があって、結果としてそれを言っている」つもりだからです。

一見すると、彼が理不尽な要求をしたことが原因で、ぼくが怒るという結果が生まれていると思いがちですが、彼からすればその前にぼくが気づいてない原因があって、その結果、ぼくが理不尽と感じてしまうようなことを口走っている、という具合に、原因と結果が逆転している可能性があります。こうやって、互いが互いの感情に溺れて反応し合ってしまうと、原因と結果に対する認知も少しずつズレてしまう。こういうことって、日常生活の中でも多分にあると思うんです。夫婦間、親子間、上司と部下、先生と生徒……等々。

つまり、相手にとっての原因が自分にとってはあまり価値のあるものではなかった。だから見落とした。そこで自分が、新たな方向に怒りを向けてしまって相手に言い返してしまうと、本来原因としていた要素からは、実はどんどんズレていってしまう可能性があるんです。

こういったことが起きるのは、あまりにもったいないと思うんですね。

怒っているように見えるひとは、案外傷ついていたりする

ところで、ラジオや本の印象からすると、ぼくのことを穏やかな人間だと思っている方が多いと思うんですけど、とんだ誤解でして、だいたい平均すると1日に5回以上は殺意を抱くんですね（笑）。

それから、ぼくは路上を歩いていると、頻繁に職務質問を受けるんですよ。

（参加者たちから「えー」とか「意外」などの声があがる）

あ、ありがとうございます。不思議がってくださる皆さんを、本当に愛してやまないんですけど、でもそうなんです。職質は、ひと月に平均3〜4回は必ず受けますね。それはおそらく、ぼくはひとりでいるときに、警察官が思わず声をかけたくなる程度には「殺気だった顔」をしているんだと思うんです（笑）。なぜなら考え事をしてるから、一生懸命になって考えているからなんですけど、その顔が怖いんでしょうね。本当によく道で彼らに停《と》められます。でも、大体5秒くらいしゃべると、「あ、間違っていた。思っていたようなヤツじゃなかった。通り魔とかテロリストの予備軍じゃなかった」みたいな顔をして、おまわりさんから謝罪されます（笑）。

そのぐらい多分、ぼくは考え事をしていると、自分の世界にヒュッと入っちゃうんです。当たり前なんですけどね。そのくらい集中力がないと、脚本なんて書けないわけですし。

でまぁ、話がズレましたけども、いずれにしても、こちらに対して腹が立つようなことを言うひとというのは、その言葉を発する前にすでに腹が立っている。

つまり、発言したこと自体が彼にとっての結果であると。もっと言うと、人間は割と腹が立つというよりも、傷つく生き物なのではないかなと思うので、攻撃的なひとに対しては、パッと見、彼や彼女は怒ってるように見えるけど、実は傷ついてるんじゃないかと考えるようにします。もしかしたら、その原因はぼくが作ってしまったんじゃないか。知らず知らずのうちに傷つけてしまったんじゃないか。そんな風に考えてみるようにするんです。

ただし、これをあまりやると自分を責めて自己中心主義になりかねないので、ぼくの場合は、自分が何の気なしに言った言葉や、書いたものを「そもそも彼や彼女が誤読してしまい、傷ついている可能性はないか？」と疑います。問題のタネを発見しなければ、次の展開を生み出すことができません。つまり、「転調」のチャンスが得られなくなる。なので、取りあえず黙って相手の言うことを相手の気がすむまで聴く、その間は口をはさまないように心がけています。この点はかなり意識してやっていますね。

さっきも言いましたが、これは『タマフル』というよりは、脚本の打ち合わせなどでよく意識していることです。そうすると彼や彼女との誤解が解けるだけではなく、こちらもアイデアを提供しやすくなります。そういうことだったら、解決するにはこんな手もあるよ？　あんな手もあるよ？　という具合に、自分の中に利他的な視点が芽生えやすくなる。

これが多分、プレゼンでの、対話での「伝わる」ということに繋がってくるのではないかなと思うんですね。

どんなひとにも、それぞれプライドといいますか大切にしているものがあって、その価値を全員で共有することができたら、世の中、戦争も起きないし、夫婦ゲンカも起きないし、とてもいいことだと思うんですけど、残念ながらそうはならないようにできているのが人間です。

でも、それを探ってゆくのも人間の宿命なのかな、みたいに思ったりもするわけです。

自分を疑うことで「他人の眼差し」に近づいていく

確かに、相手の言ったことを否定せずに、いったん引き取るというのは難しいことです。ぼくも簡単にできているわけではなくて、意識するようにしているということなんですけど。

おそらくは、「相手の役に立ちたいという気持ち」、つまり利他性がないと、選択したり実行するのはなかなか難しいかもしれません。

誤解しないでいただきたいのですが、そんな難しいことをぼくは簡単にできてるよ、という自慢をしてるわけではないんです。実際、ちっとも簡単じゃないですからね。しんどい思いもずいぶんしますし。それなりに、くたびれますしね。ですから自慢しているのではなくて、これは本当に難しいことだと日々思っているんです。でも、だからこそ意識してみようということなんですけれども。

いろいろな角度からいろいろいろな話をしても、プレゼンについては本質的には同じところをグルグル回る気がするんです。プレゼンに限らずドキッとしてしまう、自分が緊張してしまう、苦手意識を持ってしまうというものは、総じて実は相手のせいではなく、自分自身が自分を苦しめている。そういうときのヒントは、考え込んだり、思い悩んだりするのではなく、シンプルに自分の思い込みや誤解を疑う。その結果、他人の眼差しに近づいてみる。違う角度から物を見ているひとの考え方、感じ方を想像し、その眼差しを借りて世界を見つめ直してみる。

この方法が、一番解決に近いのではないかと思います。

もちろん、そもそものこととして、相手の役に立つこと自体に歓びを感じられないと、利他性は抱きにくい、とは思うんです。だから、本当にどうしようもなく、本当に殺してやりたいとまで相手のことを憎んでいる状態だと、なかなか発想を転換させるのは難しいかもしれません。

でもプレゼンが苦手だと、対話が苦手だと感じているひとは、落ち込んだり自分を責めるのではなく、ちょっと試してみていただきたいなと思っています。

すれ違いから起きている軋轢《あつれき》。想いが伝わらない、対話ができないことって、本当に多いなと日々感じていますし、皆さんも感じてらっしゃるかと思います。

あるオーディションで起こった「前提の持ち込み」

もうひとつ大事なこととして、こういう誤解、こういうズレがなぜ生じてしまうのかというと、これも人間の性《さが》なんですけど、人間には「見たいものしか見ない、見ようとしないものは見えない」という特性があって、これが結構厄介なんです。自分としては見ているつもり、あるいは見なければと思う。でも、見なければと思うほど、自意識が膨らんで、かえって見えなくなる。これは本当に難しい問題ですよね。

ちょっと『タマフル』からいったん離れますけれども、典型的な例をひとつ挙げます。とあるオーディションでの話です。ぼくは監督をやっていますが、昔、ぼくを含めたいろいろな監督6人で、大きな撮影所で350人の女優さんを、2日間かけてオーディションしたことがあったんです。

もうね、あまりにも大変で死ぬかと思いましたけど（笑）。

いやキツいんですよ。オーディションって。綺麗な女優さんとかアイドルとかといっぱい会えていいじゃない。楽しそうじゃない、と思われるかもしれないですけど、そんなに単純じゃないんです。

オーディションって圧がものすごいんですよ。皆さん女優なので、ベテランから新人までいっぱいいましたが、「私を見てオーラ、私を愛してオーラ」がすごくて、それを正面から受けると、パワーを吸い取られます。しかも350人連続ですからね。昔『スペース・バンパイア』という映画があったんですけど、あの映画みたいにエネルギーを吸われてチューっとミイラみたいになってしまうんです（笑）。

で、そのオーディションをヘトヘトになって終えたわけですが、そこに参加していたとある女優さんが、仮にAさんとしましょうか。彼女が当時はまだ珍しかったブログをやっていたので、家に帰ってから読んでみたわけです。

そうするとAさんは、今日はどこどこの撮影所で大掛かりなオーディションがあり、緊張しながら行って来たと。何人かの女優さんと一緒に芝居をするのだけれども、部屋に入ると監督たち全員が鬼のような顔をしてこっちを見ていた。これで私の頭は真っ白になったと。そのせいで、自分の力を発揮できなかった。怖かったと書いてあったんですね。

これは大変なショックでした。というのも、実はちょうどAさんたちが入ってくる順番の前に「みんな多分すごく緊張してるから、ちょっと冗談を飛ばしたり、最初にこちらからボールを投げたほうがいいんじゃない？」とか、「みんななるべく穏やかに迎えようね」みたいなことを、監督陣は話し合った矢先だったからです。

だから本当のことを言うと、ドアを開けたときに、笑顔に慣れていないおじさん監督たちがですね、一生懸命気を遣って笑顔を浮かべているという光景が見えたはずなんですよ。多分、実際はそうだったと思うんです。それではなぜこのようなことが起きたのか、つまり、笑顔を浮かべていたはずの監督たち全員が鬼瓦《おにがわら》状態で睨みつけていた、という誤認が生じてしまったかというと、実はAさんにとって、あの場の我々の存在自体はあまり関係がなかったんじゃないかと思うんです。

おそらく彼女が見ていたのは、あの日の、あの場にいた「実際の我々」ではないんですよ。つまり、三宅隆太やその他ひとりひとりの個人ではなく、「新人女優である自分をジャッジしようとしているに違いない映画監督たち」でしかなかったわけです。

Aさんは「これから映画監督6人がいる部屋に、オーディションに行くのだ」という「彼女が前提として持ち込んだストーリー」を、つまり彼女なりの思い込みや決めつけ、バイアスといったメガネを通して我々を見てしまった。その結果、全員が鬼瓦に見えたのではないか、ということです。

つまり、あそこで起きたことは、というか正確に言うと、Aさんの心の中で起きたことは、「個人的興味」から発生する「前提」の持ち込みなんです。

もしも、彼女があの場で「すみません。皆さんがあまりにも鬼瓦に見えるから緊張してます」とか言ってくれていたとしたら、我々は多分、「うわぁ、全然そんなつもりはないよ。メンゴメンゴ」みたいなオヤジギャグのひとつでも言って、軽くひと笑いみたいな雰囲気になったかもしれない。でもAさんは、「オーディションというのは、そういうことを言ってはいけない場なのである」と思い込んでいたんでしょうね。これも個人的興味から発生する前提ですね。

本当に、つくづくもったいなかったと思います。そして、これこそがプレゼンの問題点だと思うんです。要するに思っていること、考えていること、伝えたいことを伝えればいい。ただそれだけのことなのに、心にブレーキをかけて伝えようとしない。だから誤解が生まれる。思い込みが生まれる。決めつけが生まれる。

逆に言うと、我々鬼瓦軍団も、ちょっとほほ笑むぐらいでは伝わらないんだということを、もう少し自覚しておくべきだったかもしれませんね。「さーせんねぇ。ちょっといまここ鬼瓦が並んじゃってますけど、全然悪い連中じゃないんでね、へへへ」みたいなことを言って、ギャグにでもすれば良かったのかもしれない。つまり、伝え方が足りなかったんじゃないか。

そんなことを、いまでも時々思い出したりします。

というわけで、たまたまオーディションの話でしたけど、プレゼンの場合にも本質的に同じことが起きがちです。とりわけ、個人対大勢というプレゼンをするときによく起こることだと思うんです。「私はこの話をしなければ」「この話題をこの順番で、この時間に収めなければ」ということばかりに意識がいくと、相手の想いはもちろん、姿すらよく見えなくなってしまうということです。

プレゼンの考え方は小説ではなく「新聞の見出し」

そういった場面は実際によく起きるんですけど、例えば、ぼくは脚本学校で生徒に教えていたりもするんですが、脚本家を目指している生徒さんたちにはすごく勉強になるので、クラスでプレゼンをよくやらせるんです。

そこで企画をプレゼンしてみなさいとなった際に、真面目な生徒ほどよくあるんですが、紙に「言うべきこと（だと本人が決めつけていること）」をビッシリと書いてきて、壇上に立ったら、ずっと原稿のほうを向いてしゃべっているんですよ。

これでは全然、伝わらないんですよね。でも彼はこの文章を読み上げれば伝わると、むしろ伝わらないはずがないと思い込んでいる。でもね、それは対話ではなく、読み物の考え方なんです。もっと言うと、小説的な考え方なんですね。この順番で、この文言で言わないと、自分が伝えたいことは伝わらないという思い込みです。

結局ここの項目でぼくがずっと言ってきていることというのは、とにかく他人は他人なのだと。相手のことは分からないのである、と。だからこそ、どうやって全然違う人生を送ってきた人間同士が、最初にまず共通点を見つけるのか。その共通点からどれだけ仲良くなって、どこまで深いところまでお互いの想像力というものを同じ方向に向けていけるのかということなんです。

自分に心があるのと同じで、相手にも心がある。ひとりひとりの「個別の感じ方」がある。自分にとっては何でもないことが相手にとってはとても重要だったり、傷つくことかもしれない。だからこそ、まずは相手を思いやることが大切なわけですが、その際、自分の尺度で「思いやってるつもり」にならないように気をつけなければならない。相手の心を「不用意に想像する」と「決めつけ」が発生する危険性があるからです。

だからこそ、まずはきちんと相手の話を聴くこと、相手が選択し発する言葉を、つまり相手の心から出てくる「相手ならではの要素」を、自分の尺度で解釈しないこと。あるいは、自分の尺度で解釈してしまったのではないか、と疑うこと。

プレゼン（対話）をする際、本当に必要なものは、こういった割と単純なプロセスだと思うんです。

それで言うと、小説的にプレゼンの資料を作ったり、原稿を考えるよりは、新聞の見出しみたいな考え方をしたほうが早いと思うんですね。

例えば駅で『東スポ』とかで「ビン・ラーディンが北千住にいた」とか、そういう見出しがたまにあるでしょう？（笑）「えーっ!?」ってなりませんか？　あそこが最初です。出会いの瞬間です。そしてまんまと買うわけです。そうすると中見出しがあって、そのあとに本文がある。そしてよく読んでみると、大体がビン・ラーディンでも何でもないわけですけど。最後は北千住にビン・ラーディンにちょっとだけ似ているおじさんが経営するカレー屋があって、その宣伝かなんかで終わっちゃったりする。

で、「何だよ」と思うわけです。

しかし、これはプレゼンを成し遂げるための、ひとつの構成方法だとは思うんですね。

大切なのは「余白」を作っておくこと

全然知らない赤の他人同士が、なんとかして最初の共通項を生み出そうとしたときに、ぼくらは最初に見えた大きな概要というものから必ず理解しているはずですし、そこから歩み寄っているはずです。

例えば見た目から誤解が生まれるというのもそうですけれども、金髪だから不良に違いないとか、スーツを着ているからちゃんとしたひとに決まっているとか、良くも悪くも必ず見た目から入る。

次に声、次に顔という風に入っていくじゃないですか。それと同じだと思うんです。プレゼンも、実は詳細を持ち込みすぎてしまうとうまくいかない。自分はこの順番でやるんだ、という「仮想でしかなかったはずの決め事」が、いつの間にか「実際の確定事項であるかのように」頑強になってしまう。

そうすると、先ほどの『タマフル』の話に戻しますけど、本番中にアクシデントが起きて、臨時ニュースが入ると。当然、そのぶんの時間は割愛されてしまうわけで、とっさに3分とか4分ぶんのエピソードをカットしなければいけないとなる。そういうときに、「いやいや、そこ切ったらバキシムの話ができないから」となって、パニックを起こす危険性がある。

でも、そんなはずないでしょ？　そんなのは、やりようでしょ？　と思うんです。

そういう意味では、プレゼンの構成に関して大事なのは、起きたことに反応できるように、余白を作っておくことかもしれませんね。

加藤あい主演の予定が、〇〇に変更!?

実際、「構成の罠」に囚われず、臨機応変に対応することはとても重要です。というのも、これは実は脚本でもしょっちゅう起きるんです。あまり構成をガチガチにしていると変えられなくなるんです。実際、むちゃくちゃなオーダーとかも入るんですよ。

昔、加藤《かとう》あいさんが主演のＯＬのドラマを書いてたんです。そしたら撮影の2週間前になって、キャスティングが変わりました、とプロデューサーが言うわけですよ。まぁ、そういうこともあります。

てっきり同じぐらいの年齢の女優さんになるのかなぁと思っていたら、「いえ、えなりかずきさんになりました」って言うわけです（笑）。

そんなの、構成をガチガチにしてたら対処できませんよ。ぼくはひっくり返りましたね。赤《あか》塚不二夫《つかふじお》のマンガみたいなコケ方をしたのはあのときだけです(笑)。足が2本上がるみたいな。

これは極端な例ではありますけれども、でも、こういうことも起きる。

ここで「いやいや、それじゃやろうとしてたことができないじゃないか！」と反発するのは簡単なんですけど、ぼくはどちらかというと、そういうピンチは「転調」だと思ってしまうんですよね。

「おっと、加藤あいがえなりかずきになったか……いや、それは面白い！　これって元々やろうとしてたこととは違うことができるチャンスだぞ！」と思っちゃう。

さすがに同じ構成は無理だけど、でももう撮影場所もスケジュールも決まっている。だから、ある程度は、少なくとも構造自体は、同じ流れを踏襲《とうしゅう》しなければいけない。では、どうしよう、みたいに切り替えるわけです。

そこで慌てたり、落ち込んだりしないで、まずはいったん引き取って、受け入れる。否定から入らないようにする。それができると「じゃあどうすれば、〈えなりくんになったことでの良さ〉が出せるだろう」と興味をシフトできるようになるんです。

それができると、事前に追いかけていたアイデアに対して、あまり執着しなくなるんですね。執着しなくなると気持ちもラクになるので、新しい発想も出やすくなります。

転調という考え方をおすすめしたいのは、そこなんですね。予定外のことが起きて、未来への新たな動線が立ち上がるときというのは、一見ピンチのようですが、実は過去への執着を断ち切るチャンスなわけです。強制的に過去への執着が断ち切られてしまうからこそ、未来に対応できる可能性が出てくる。

むかつく相手のことばかり考えると、かえって過剰な価値付けをしてしまう

どうしてもひとは、過去のことを追いかけがちだし、過度に美化したり、過度に不愉快な記憶として認識してしまいがちです。つまり、「不愉快であるということ」に価値をものすごく与えてしまう。結果、実際の出来事以上の「不愉快な記憶」として認識してしまう。

例えば、ヒドいプロデューサーに対しても、「むかつくむかつく」みたいなことばっかり考えていても、彼に過剰な価値を与えてしまうことにしかならない。でも、本当にそのひとがヒドいプロデューサーだったら、そんなに価値を与えなくていいんですよ。

それよりも、新しい価値を持った存在を見つける、新しく尽くしたい人間を見つけることの

ほうが大切だと思います。人間のキャパは意外と限界があって小さいので、新しいひとたちで心の中の舞台がすぐに満員になってしまうんです。そうなると、すでに価値がなくなったひとというものは、ごく自然に奈落に落ちてステージを去っていきます。

そのうち、本当にあなたの生活からいなくなっていくはずです。あなたが執着していない以上、そのひととの接点自体が減っていくはずだからです。

プレゼンの際に過度に焦ったり、不安になったりしがちなひとは、この「執着」について、ちょっと考えてみてください。何らかの解決のヒントになるかもしれません。

どういう風に聴かせるか?

次のトピックは【話し方】です。プレゼンをする際、「どういう風に聴かせるか?」ということですね。この点に関しても「どうしてラジオで緊張せずに、淀みなく話せるのか?」とよく質問されます。

でも、自分としては自覚がないんですよね。淀みなく話しているとは、あまり感じていないんです。

というのも、『タマフル』に出ているとき、おそらくは自分のしゃべりに意識が向いていないんじゃないかと思うんです。つまり、自分の話し方に、過剰な不安要素としての価値を与えていないというか……。要するに、自分の話し方にあまり興味がないんですね。もしかしたら、これも同じことかもしれません。つまり、緊張はしているんですが、アガってはいない。そのせいで、リスナーの方には「淀みなくしゃべっている」ように「聴こえている」のかもしれないですね。

じゃあ、アガってるときだったらどうなのか？　実は先ほど、休憩の間に参加者の方からリクエストがあったんです。「三宅が苦手なアガってしまうシチュエーション問題」をもっと語ってくれ、と(笑)。要するに弱い部分の自己開示をもっとしてくれ、ということかもしれませんが。

確かにぼくだってアガることはあります。そういうときは、話し方にどんな変化が出るのか。その話をしましょう。

三宅隆太がアガってしまうシチュエーション

具体的に言うと、例えば連ドラの仕事があったとします。で、監督が何人かいると。まずチーフ監督というひとがいたとして、ぼくがセカンド監督だったとします。その番組自体はチーフの監督が全体のルックとかトーンを決めていって、その世界観に乗っかって他のエピソードを監督するのがぼくの仕事だったとします。

そういうプロジェクトでの「全員の打ち合わせ」という場が、ぼくはものすごく苦手です。

目茶目茶アガってしまうんです。

どうしてかというと、自分の意見を言おうとしたときに、「あ、でも、チーフ監督がどう考えているか分からないから、言わないほうがいいのかな」とか考え始めてしまうからです。

つまり、心にブレーキがかかってしまうんです。


実を言うと『タマフル』でも、その感覚に似た心の動きを感じることがあります。それは、しまおさんのコーナー(*2)に出演するときです。いまの話と同じような緊張感に襲われます。

これは彼女が悪いわけではないので、どうぞ誤解しないでください。

しまおさんは一切何にも悪くないんですよ。すべてぼくの自意識の問題です。ぼくが勝手にアガってしまうだけなんです。

要するに、ぼくは「自分の役割」がよく分からなくなったときにアガるんだと思います。

もっと言うと「自分で責任が取れない状況」が本当に苦手なんです。


フリーランスということもあって、割と最後は「ケツをまくってしまえ!」みたいなところがあるんです。例えば、本当に不愉快なことがあって、「もう、この会社との関係は終わりにしよう」と思ったとします。で、絶縁すると。こうなると当然、仕事のルートがひとつなくなってしまうことになりますし、それによって稼ぎが減ってしまうことにもなるわけですけど、本当にそこの会社と組んで働くのが嫌だったら別に構わない。また他の仕事を取ってくればいいや、とどこかで思ってるんですね。

もちろん、そうしないと食べていけないですしね。

でもぼくの場合、新しい仕事のルートをつくるために営業活動をしたり、努力をするのは全然苦じゃないんです。むしろワクワクします。元々、自己責任という考え方が大好きなので、フリーランスには向いているんですね、本来は。

問題はそれができない、自己責任で闘えないという状況になったときです。これが、ものすごくストレスに感じるんですよ（笑）。誰かのフリをしなければいけないとか、誰かの代わりをしなければいけないとか、あるいは自分で責任を取れない、自分がちゃぶ台返しをできないというような状況に、恐ろしいほど不安を覚えてアガってしまうんです。

先ほど突然しまおさんの名前を出しましたけれども、彼女は本当に何も悪くなくて、ぼくが勝手に独り相撲を取っているだけなんです。

例えば、「サタデーナイト・ラボ」での自分のプレゼンが終わって、そのあとそのままスタジオのブースに残ったとして、しまおさんのコーナーが始まるとします。そこにしまおさんがいて、宇多丸さんがいて、古川さんがいるという状況下で、自分が何をしていいのかが分からなくなるんですよ。

以前に「怖い話をしてください」と言われたときは、全然アガらなかったです。「ああ、なるほど。怖い話をして、しまおさんをビビらせて帰ればいいんだな。それが自分の役割なんだな」と思えたからなんですけど、「まぁまぁ、せっかくですから残ってくださいよ」とか言われて、しまおさんのコーナーが始まると、実はものすごくストレスを感じてしまうんですね。

それでどうなるかというと、覚えていらっしゃる方もいるかもしれませんけど、しゃべらなくなるんです。

（会場の一部から「あーっ……」と納得したような反応が起こる）

空気を読もうとすると自分の役割を見失ってしまう

あ、分かります？　そうなんです。しまおさんのコーナーに出ているはずなのに、ぼくの声がまったく聴こえないという放送回が何度かあったかと思うんです。ああいうとき、ぼくは心の中で独り相撲を取ってるんですよ。これはぼくの悪い癖で、まったく治っていないですね。いまこれだけペラペラとしゃべれてるんだから、もう十分だと思われるかもしれないんですが、ああいう状況になるたびに、ぼくは怯えた子犬のようになるんです（笑）。本当にひどいもんです。

一方で、じゃあ、なんでいまこの場ではこんなにスイスイ話ができているかというと、自分の役割がはっきりしているからです。責任の所在が明確になっているからです。

今日はぼくがプレゼン術の講演をする。それを聴きたいと感じた皆さんが、聴きに来てくださっている。しかも皆さん、お金もお支払いいただいて参加されている。だからそのぶん、楽しんで帰ってもらわないといけない。楽しみに来てくださった皆さんに、そのぶんお返しをしなきゃいけないし、したいとも思っている。責任があるからこそアガらないでいられるわけです。

もしかしたら参加者の方の中には、ぼくに対して懐疑的だったり、反発的な姿勢で聴きに来ているひともいるかもしれないけど、それでもいいんです。好意的か否か、というのは需要と供給のパワーバランス自体とは何の関係もないですからね。

ですから、もしここで何かアクシデントが発生して、急遽プレゼンを短縮しなきゃならないとか、逆に話を引き延ばさなきゃならない、となったとしても、まったく不安は感じないと思います。取り上げるべきトピックが明確で、何が主軸なのかが決まっているわけですから、そのつど「起きたこと」に対応すればいい。それだけのことだと「思える」んです。

そう思える理由は、この場のリーダーというか責任者が自分であって、何かあったら自分が責任を取ればすむからなんですね。

でも、しまおさんのコーナーはそうじゃない。しまおさんが主役で、しかも「ぼんやり」していなければならない。それが彼女の味だからです。

だから、彼女の邪魔をしてはいけない。しまおさんが自然体で心地よいリズムでぼんやりできるようにするために、自分には何ができるだろうと、一生懸命考えてしまう。しゃべりかけたほうがいいのか？　でも、宇多丸さんも古川さんもいるし、とも思う。それでも別に話しかければいいんだろうけれど、つい心に迷いが生じるわけです。

というのも、そもそもしまおさんが面白いと感じる着眼点と、ぼくが面白いと感じる着眼点にはかなりの相違がある。良いも悪いもなく、これは事実です。

にもかかわらず、しまおさんのぼんやりに合わせなきゃ、しまおさん風にぼんやりしなきゃ、と考えたらどうなるか？　むしろ、どんどんぼんやりできなくなるわけです。邪魔をしないようにしなきゃ、空気を読まなきゃ、みたいな感情に支配されてしまうわけです。

要するに「自分らしく」いられない。「ありのまま」でいたいのに、そうはできなくなるような錯覚に陥るんです。

でも、しまおさんは何も悪くない。あくまでも、ぼくが勝手に心の中で自問自答したり、右往左往《うおうさおう》しているだけなんです。めんどくさいヤツでしょう？（笑）

で、どうしたかというと、ある時期からしまおさんのコーナーには出なくなりました（笑）。

もちろん、しまおさんと仲が悪いわけではありません。番組の終了後にはいつも普通に雑談してますし、彼女から電話がかかってくることもあります。でも、あのコーナーに出演すると、ぼくはアガってしまう。自意識過剰になってしまうんです。面白いですよね。

おそらく皆さんにも、皆さんなりの「アガりの源泉」のようなものがあると思うんです。いま申し上げたように、ぼくにもあります。

しかし、現にいまこうして皆さんの前で普通にしゃべってますし、今日はずっとプレゼンをしてきました。つまり、アガるシチュエーションもあるけれど、アガらないシチュエーションもあるわけです。

出来事やシチュエーション、対話相手のタイプなど、すべての局面で苦手意識を克服する必要は、ぼくはないと思うんです。克服できる面は克服し、そうでないものはそのままにしておく。自分が自分らしくいられるシチュエーションとはどんなものだろう？　どうすればありのままでリラックスしてプレゼンできるだろうか？　そんな風に新しい選択と行動を繰り返すことで、自分らしくいられる角度や位置というものは発見しやすくなるんじゃないか。

そのうえでいざ見つけられたら、自分らしくいられる角度や位置を中心にして、大切に積み重ねていく。そうすれば、苦手意識の幅自体が狭《せば》まってくることもあると思うんです。それなりに時間はかかるでしょうし、完全に消し去ることはできないかもしれないけれど、少なくとも自分を苦しめる時間とのバランスや関係性は健全なものに近づいていくはずです。

聴衆をジャガイモと思い込んではいけない

苦手意識の幅を狭めるためのポイントは、「相手の言うことを聴く余裕を持つこと」だと思います。

実際、よほどのことがない限り、対話相手やプレゼンの聴き手が、プレゼンターのことを「死ねばいいのに」とか思って聴いていることはあまりない（笑）。ところが、アガってしまうと、自意識過剰になってしまうと、相手のことを好意的な存在だとは感じられなくなることがある。

じゃあ、どうしたらいいのか。実は、その手の緊張感に見舞われたときの対処法として、よく言われるアドバイスが、ぼくは逆効果なんじゃないかと思ってるんです。

例えば、ぼくがいますごく緊張してアガっているとして、目の前にいらっしゃる60人の皆さんのことを「ジャガイモ」だと思えば解決だ、とする考え方がありますよね。さっきもちょっと話題に出しましたけど。あれはむしろ逆効果だと思うんですよ。

全員をジャガイモにしてしまったら、皆さんを見ることを拒否したことになりますよね。それだと、皆さんおひとりおひとりが何を考えてるか分からないじゃないですか。

脚本学校で生徒らにプレゼンをさせる、という話をしましたけども、中にはアガってしまうひとも当然いるわけです。そういう状態に陥ってしまうひとには、逆に会場を、聴衆ひとりひとりの顔をよく見なさいと指導することにしています。

もしかしたら、中には殺意を抱いてるように見えてしまうひとが、それこそ鬼瓦になっているように見えるひとが、2〜3人はいるかもしれないけれども（笑）、でも大抵はそうではない。というか、そんなに心配だったら実際に数を数えてみてくださいと言うんです。

例えば、この場所であれば、もし殺意メンバーが3人だったとします。だとしたら、残りの57人は友好メンバーってことになるじゃないですか。3対57なら、明らかに友好の勝ちなんだから、わざわざ殺意メンバーに過剰な価値を与えて、気にする必要なんてないわけです。友好57に乗っかればいいだけなんです。

ところがアガってしまうと、逆に見てしまうんですね。というよりも、ちゃんと認知できないまま、聴衆を「自分に対して好意的ではない謎の恐ろしい軍団」であるかのように、グルーピングしてしまいがちなんです。こういった不安は、自分のプレゼンに対して、聴衆からのリアクションが引き出せないことで、より感じやすくなるケースが多いようです。

リアクションを引き出すためにユーモアを

聴衆からのリアクションがないのは、多くの場合、原因は聴衆側にではなく、プレゼンター側にあります。プレゼンターがリアクションを引き出すようなアクションを、そもそもしてないからなんです。アクションとリアクションというものは必ず交互に起きるものなので、何かしらアクションを起こせば必ずリアクションが得られます。

そういう意味では、実は無反応というのもリアクションのひとつです。相手が無反応に見える場合、無反応に見えるようなリアクションを取らざるを得ないようなアクションがあったからだと考えたほうが問題解決には近づけると思います。

大勢のひとを相手にしたプレゼンの場合、欠かせない要素はユーモアではないかと、ぼくは考えています。笑いはひとを肯定的な思考に導きますし、心の柔軟性を呼び込みます。笑いにはリラックス効果があるんです。

だからといって、無理をして自分らしくないことをやると、大抵失敗します。例えば、ぼくがここで突然バナナで滑って転んだりすると、多分本当にスベると思うんですよ（笑）。なぜならそういうガラではないから。

ユーモアはギャグとは違います。何らかのギャグを言うことで相手を笑わせようと必死になると、そのことに集中しすぎてしまい、むしろ相手の話や相手の心の変化に意識を向ける余裕を失います。

自分が一生懸命になったり、努力していると「感じる」ときは、無理をしている可能性があるので要注意です。

要は「自分らしいこと」をすればいいんです。『タマフル』でも、ぼくのプレゼンで起きる笑いとコンバットＲＥＣ（*3）さんのプレゼンの笑いとは質が違うでしょう？　それはふたりが持っているユーモアの質が違うからです。どっちが良いとか悪いじゃなく、ただ違う。

ぼくはいつもＲＥＣさんの回を聴いて爆笑してますが、だからといって、ぼくがＲＥＣさんみたいなしゃべりをしようとしても、絶対にうまくはいきません。むしろ無理をした結果、まず間違いなくスベる。笑いが取れるどころか「なんか今日の三宅さん……どうしたんだろう？」みたいに心配されるのがオチだと思います（笑）。

先ほど申し上げた「自分らしさがどういうものかを分かっているといいですよ」という話は、ここにも繫がってくるかもしれませんね。

ユーモアに関する自分のキャラクター性が掴みづらい場合は、これまでの人生の中で家族以外の他人から「どのようなひとだと言われてきたか」を思い出すのもひとつのヒントになります。どうして家族以外かというと、家族の場合、過剰な欲目だったり、逆に近親憎悪だったりといったバイアスがかかって客観性のない評価になりがちだからです。

今日の冒頭で体験していただいた「相手の魅力的な特徴を伝え合うゲーム」とも通じる要素

かもしれません。赤の他人から「あなたの特徴はこれこれこうだ」と、良くも悪くも言われてきたこと。そこには、あなたの心の内側だけにあるものではなく、外側にいる他人に「伝わる」あなたの特性や個性が必ず潜んでいます。そういったことが、プレゼンにおいて「どう話すか」「どう聴かせるか」の大きなヒントになるはずだと、ぼくは思います。

いずれにしても、自分の感じ方を一般化しないことが大切です。自分がこう感じるんだから、みんなもこう感じるはずだ、みんなもこう感じる「べき」だという思考を疑うこと。頑《かたく》なな思考は緊張や警戒心を生み出しがちですし、結果として「アガり」を呼び込みます。

その結果、プレゼンでも話す内容云々以前の問題として、声に表れるようになると思うんです。

緊張は声に表れる

では、ぼくが『タマフル』でアガったことがないかというと、実はあるということで、初出演時の音源をちょっと聴いてみたいと思います。

（『タマフル』の音源流れる。２００９年8月8日放送ぶん）

宇多丸　さぁ時刻は11時35分です。ここからは特集コーナー、「サタデーナイト・ラボ」。今夜の特集はこちら。「ホラーはすべての映画に通ず！　真夏の現代ホラー映画最前線講座!!」。7月の「シネマハスラー」でも取り上げて、昨日8月7日にＤＶＤが発売されたホラー映画、『呪怨 白い老女』。その監督であり、そしてこの番組『タマフル』のヘビーリスナーでもある三宅隆太監督をお招きし、いわゆるＪホラーと呼ばれるホラー映画のジャンルの歴史から、実際そういう怖いシーンってどうやってつくるのかということを脚本、撮影、編集的なこと、そして演出と、具体的に段階を受けて解説してくという講義スタイルでお送りしていきたいと思います。それでは今夜の特別講師をご紹介いたしましょう。映画監督、そしてタマフルリスナー三宅隆太監督です。

三宅　あぁ、どうもこんばんは。三宅です。よろしくお願いします。

宇多丸　いらっしゃいませ、どうも。というかですね、『呪怨 白い老女』評、ド素人いつもすみませんね。作り手を前にすると本当に恐縮してる次第なんですけど。いつも『ウィークエンド・シャッフル』をお聴きいただいて。

三宅　もう大好きですね。

宇多丸　ありがとうございます。

三宅　欠かさず聴いてます。

宇多丸　メールとかも毎回いただいたりして、今回の『呪怨白い老女』を取り上げるにあたって、元々好きだったのもあるんですけど、改めて過去のJホラー作品の進化の歴史に従って作品を観ていくうちに、ホラー表現みたいなのを考えるのって、やっぱりむちゃくちゃ面白いなと思って。

三宅　あぁ、なるほど。

宇多丸　なので、改めて作り手の立場から、そういう歴史を概観するみたいな本とかでもよく載ってますけど、実際にどういうことを留意されてたりするのかという、あくまで具体的な技術論みたいなことって、なかなか訊けないところもあるので。

三宅　そうかもしれないですね。

宇多丸　それを今夜はちょっと伺っていきたいと思います。『呪怨 白い老女』は長編劇場用としてつくられてますが、脚本などを書かれている作品でいえば、もう大変な数。

三宅　そうですね、百何十本かって。

宇多丸　百何十本の世界ですよね。『怪談新耳袋』、「百物語」が5分ものでポンポンいくから三宅さんも何本かやられてて。

三宅　そうですね、はい。

宇多丸　僕、すごく思ったのは、このあと具体的な話ししますけど『リング』『呪怨』ときて、それから10年経ってるわけですよね。その間も映画における恐怖表現みたいな実験とか試行錯誤は本当にずっと続いてるし、進歩してるし、それを知るのがまた面白くて。最高でしたね。

三宅　あ、本当ですか。

宇多丸　やっぱり怖い映画が苦手だっていうようなひとも結構多いわけですよ。

三宅　そうですね。

宇多丸　そういうひとに説明するには、僕も実はものすごい怖がりなんですよ、と。なんだけど、ある意味技術論から恐怖映画、ホラー映画を捉えてくと面白いですよ、と。

三宅　なるほど。

宇多丸　僕らが面白がってるところのポイントみたいのを、すごく分かってもらえるんじゃないか。怖がりなひとほどいいですよね。

三宅　ああ、そうですね。怖がりの方ほど、ホラー映画は実は楽しめるんじゃないかなと思います。

宇多丸　基本的なことですね。ホラー映画の。

三宅　そうですね。

（音源終了）

三宅　う～ん、声が全然出ていないですね。びっくりします。最近の『タマフル』のときと、ぼくの声が全然違うでしょう？

（会場、「確かに」という反応）

まぁアガってたんですね。そういうことなんです。これは、恥ずかしいですねぇ。宇多丸さんのおっしゃることを聴く余裕があったか否かで言えば、まったくないですね、このときは。その証拠に、この第1回の出演では、「そうですね」という言葉を38回も言っているんです。いまかけた部分だけでも、5回も口にしてる。完全にどうかしてますね（笑）。

何で「そうですね」と言っているのか全然分からないんですよ。多分、間を埋めようとしてるだけなんですすね。放送後にスタッフさんからその日の録音をＣＤでもらって、家で聴き直して顔から火を噴きました。なので逆に何十回も聴き直しました。「転調」にしたかったからですけど（笑）。

それで「そうですね」という言葉を次の回には絶対言わないって決めて、次の「スクリプトドクターというお仕事」の出演のときは、机の上に「そうですね禁止」と書いたメモを置いて本番を迎えたというのがありました。

それにしても、アガっているときの精神状態というのは、やはり声に表れますね。いま聴いてみて、自分がとても自意識に囚われてしゃべってるなというのが、ぼく自身とても感じました。もちろん9年も前のことなのでね、いまとなってはもはや甘酸っぱい思い出ではあるんですけど（笑）。

いまのは、要は「初めての体験ならでは」の過度な自意識によるものでしょうね。生まれて初めてラジオに出演して、気負っていたんだと思います。あとはプレゼンの内容もですけど、そもそも目の前の宇多丸さんとの対話に集中できていなかったというのが一番の問題だったと思います。

第三者としては見えていても、演者になると見失うもの

この「対話への集中」ということでいえば、『タマフル』では古川さんが本番中に、すごく

重要な工夫をいつもしてくださっていて、ぼくはかなり助けられているので、ちょっとその話をしたいと思います。『タマフル』の放送のときの座席の位置関係というのは、大体こんな感じです。

宇多丸さんがいて、対面する位置にぼくが座って、古川さんがぼくの右手側に座るというのが大体いつものパターンです。宇多丸さんとぼくの前にはそれぞれマイクがあります。古川さんの前にももちろんあるんですけれども、基本的にはしゃべらない。そして、ブースの外側にはスタジオのミキサー卓などがあり、そこはガラスで仕切られています。

つまり宇多丸さんとぼくは、正面で視線を交わすように座っている。これが『タマフル』の基本的な本番態勢だということです。

古川さんは本番が始まると部屋を出ていくのではなくて、そのままいらっしゃるんですけど、ちょっとだけ後ろに下がります。

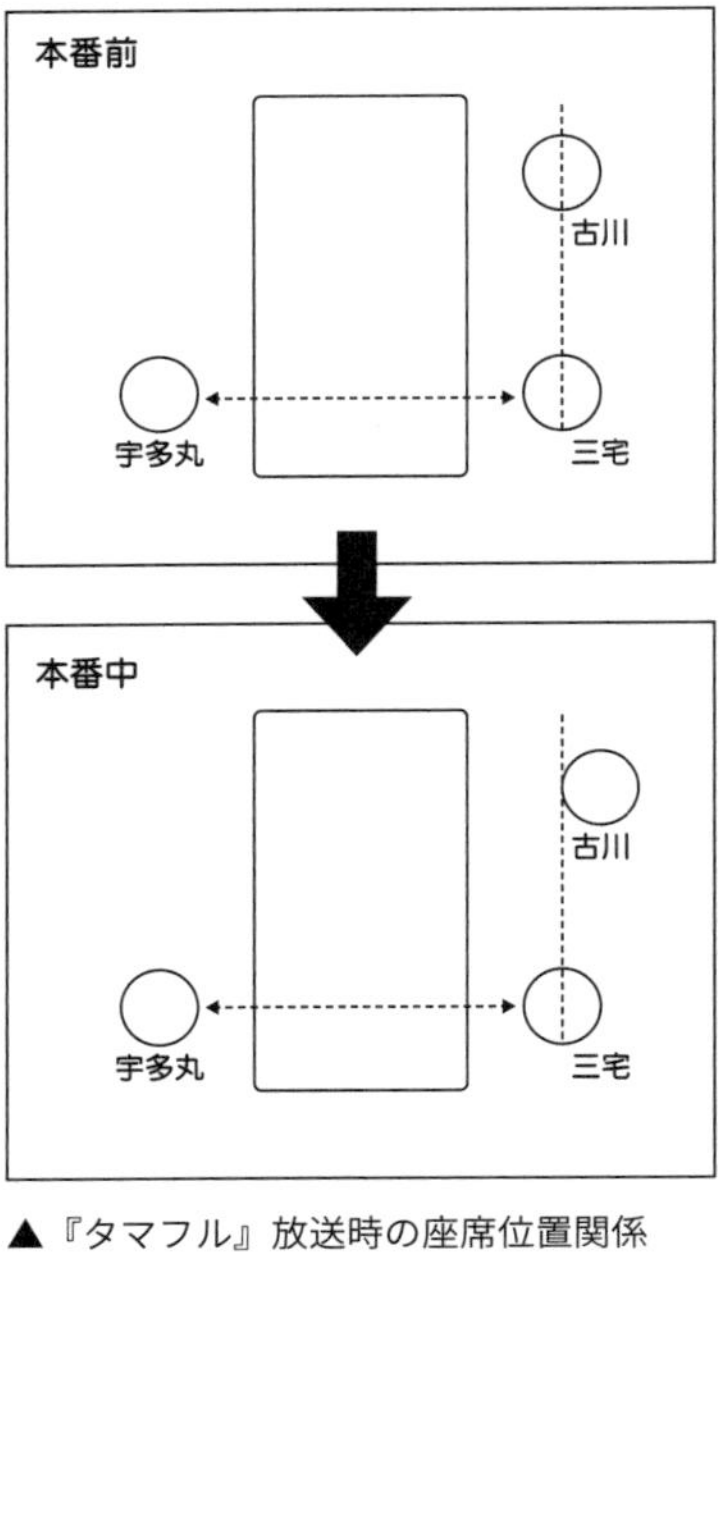

▲『タマフル』放送時の座席位置関係

これは、ぼくの目が宇多丸さん以外にいかないようにと配慮をしてくれているんですね。だから、すっと下がるんです。つまり、視野から外れてくれる。

ただし、宇多丸さんとの対話の中で何か面白いグルーヴが発生すると、さりげなく少し前のほうに出てきてくれて、視界に入るようにして、「いま、盛り上がっているよ」みたいなオーラを出してくれるという。古川さんは面と向かって、こういうことを言われるのすごく嫌かもしれないですし、こんな風に改めて分析されると不愉快かもしれないですが（笑）。でも、ぼくはいつも助けられていて、自分が演者として出ているから本当にありがたく思っています。

いまふと思ったんですけど、よく考えてみると、古川さんがしてくれていることって、普段自分が監督してるときに演者に対してやってることなんですよね。

ところが自分が演者になるとその余裕を失うという、これも結局は自意識の問題だと思います。どうやってその相手の意識にフォーカスしていくかというのは、自分から気をつけていくのが一番ですけれども、こうやって周りにサポートしてもらうことでプラスアルファになることというのは多分にあると思うんです。

日常にフィードバックするときは、おそらく自分が緊張していることや、伝えづらいと感じているということを開示するのがポイントだと思うんです。本当に他人のことって分からないですし、思い込んでしまいがちですからね。

放送で犯した最大のミス

開示という言葉が出たので、ちょっと、このお話もしたほうがいいかと思います。『タマフル』における最大のミスについてです。この10年間出させていただいた中で、実は1回だけ大変なミスをしてしまいました。シリーズ物の映画を紹介する特集で「ぶっちゃけ6も好き、なんなら7も好き！特集」というタイトルでプレゼンしたときのことです。

ちょっと音源を聴いてみましょう。

さすがに緊張しますね。というか、いま会場が一瞬にして緊張に包まれたのが分かりました。ぼくが緊張してるから、皆さんも緊張するんでしょうね。では、聴いてみましょう。

（『タマフル』の音源流れる。２０１４年5月3日放送ぶん）

宇多丸　6作7作と続く映画は結構ある、と。三宅監督、ごめんなさいね。6作7作と続く映画、そんなないでしょうって思っていて、続編まで4年も空いてしまいました。

三宅　いや、でも結構ありますよってことなんですよね。まずすごく有名なところでは、『ロッキー』。『ロッキー・ザ・ファイナル』というのは6ですし、あとはホラーが多いんですけど、例えば『ハウリング6』っていうのは、あまり知られてないかもしれないですが。

宇多丸　『ハウリング』！『6』までありますか！

三宅　一応あるんですね。あとコメディーだと、日本ではあまり有名じゃないんですけど、アメリカではすごく有名なビル・コスビーっていうコメディアンの方がいらっしゃいますけど、『ビル・コスビーのそれ行けレオナルド』って作品があって、日本ではビデオでだけ出てるんですけど、これレオナルドシリーズの6なんです。要は『オースティンパワーズ』みたいなやつですね。007のパロディーみたいなやつです。というわけで、6までいってる作品は結構あります。で、7はどうかってことなんですけど……。

（音源終了）

ここですね。いまのところ。『ビル・コスビーのそれ行けレオナルド』という映画を6だと言って紹介しましたけど、実は6じゃなかったんです。得意になってしゃべってますけど、間違った情報だったんです。放送後に友人に指摘されて知りました。我ながら最低のミスだったと深く深く反省しています。いずれにせよ、これがぼくが犯した『タマフル』史上最大のミスです。

いまから、その話をしますね。

まず、この特集の経緯を簡単に説明すると、「ところで4が好き」、「挙げ句に5が好き！」特集というのをこの放送の4年前にプレゼンしていて、そのときの最後のほうで「この特集の続きをいつかやりましょう」みたいな話になったんです。

実はそのときにすでに「6、7特集」をするなら一番伝えたいことはこれだ、というのは用意していました。それは「ところで4が好き」、「挙げ句に5が好き！」特集を聴いていただいた方は覚えていらっしゃるかもしれませんが、キャラクタードラマに風穴を開けた6とストーリードラマの境界線を超えた7が存在する、と発言しています。あれは『女王陛下の007』と『エルム街の悪夢～ザ・リアルナイトメア』のことで、実際に「6、7特集」のときに取り上げました。その辺りの切り口やプレゼン自体は、実はそれなりにうまくいったと感じています。

ただ、身もフタもないことを言うと、そもそも6とか7まで続いてる映画って、そんなにはないんですよ（笑）。「まだまだたくさんあります！」とか自分で言っといて何ですけど、あるわけないんですよ、そんなに（笑）。なので、この特集は危なっかしいなぁ……と内心思っていました。でも切り口自体は面白いとも思ってましたので、やろうと。

ところで、ぼくは基本的に『タマフル』に臨むとき、とりわけ映画関係の特集のときは事前に調べ物をしないんです。自分が覚えていること、記憶していることだけを話すようにしているんですね。

（会場から「えー、そうなの？」「マジか？」という声がこぼれる）

いや、そうなんですよ。覚えてることしか話してないんです。映画に関しては記憶力がちょっとどうかしてるんですね。特に子供の頃とか十代の頃に観ていた映画については、自分でもどうかと思うほど、細かいことまで覚えてるんです。ちなみに２０００年代以降に観たものに関しては、自分でもどうかと思うほど、すぐに忘れます（笑）。

これは、昨日観た映画よりも、30年前に観た映画のほうがぼくの心に刺さっているからだと思います。それだけ幼い頃や若い頃は映画に依存したり、救われたり……要は夢中だったんでしょうね。

いずれにせよ、「6、7特集」も覚えてることだけで話を進めることにしました。ただし、さっきも申し上げたとおり、6とか7まで続いてる映画なんてほとんどないわけです。覚えてる話だけだと弾が足りないと、それこそ「思い込んでしまった」んですね。

それと「4、5特集」がそういう作りだったからといって、プレゼンの構造までを踏襲しなければならない理由も本当はないはずなんですけど、これも「思い込んでしまって」似たような構造で進めようとしたんですね。つまり、最初に何本かタイトルを挙げて、「ほら、こんなに続編映画がありますよ」と紹介してから本題に入る、という流れを組むべきだ、と決めつけてしまったわけです。

そこで、まずは『ロッキー』シリーズのタイトルを挙げた。まぁ、これは事実ですし、ぼくも観ているので、いいとして。次に『ハウリング』が6まであると。これも事実で、実際に『ハウリング6』は家に中古のVHSテープがありますし、実際に観ています。まぁ、それはそれでちょっとどうかしてるとは思うんですけど（笑）。

ただそのあとに言った『ビル・コスビーのそれ行けレオナルド』は観ていなかった。さすがにわざわざ嘘までつく気はないので、先ほど音源を聴いていただいたとおり「観た」とまでは言っていませんが、ただ「いろいろな6があるんですよ」という話の中に、入れてしまった。

放送のあとに、関西に住んでいる映画の仕事の友人から「1個、間違っとったで」という電話がかかってきて、ミスに気づいたんですけど。

『ビル・コスビーのそれ行けレオナルド』という映画は、実はずいぶん前の映画で、日本でビデオ発売されたのはぼくがまだ学生か学生が終わったかぐらいの若い頃だったと思います。当時、映画雑誌か何かで紹介記事を読んだんですね。

そこに「レオナルドシリーズというのがあって、これは6作目だ」と書いてあった。それを覚えていたんです。そういう意味ではぼくの記憶自体は正しかったわけです。だからこそ、そのまま話してしまった。でも、実はこの映画は、レオナルドシリーズという架空のシリーズの6作目という体裁《ていさい》の単体の映画なんです。つまり、6ではなく1なんです。それをぼくは、かつて雑誌で読んだ「レオナルドシリーズの6作目だという情報のまま」持っていってしまったんですね。

これは詰めが確実に甘かったですね。調べが足りなかった。インターネットで調べるだけでも、すぐに分かったでしょうに、やらなかった。自分の記憶に絶対の自信がありましたし、実際に記憶自体は間違っていなかったわけですが、そんな記事がかつてあったなんてことはリスナーのひとは知る由もないことです。

別にいいじゃないか、たいした問題じゃないよ、と思う方もいるかもしれないですが、そういう訳にはいきません。このミスがどのぐらい恥ずかしいミスかというと、「あのさぁ、『裸の銃を持つ男』って、33と3分の1本、続編があるのって知ってる？」と言うぐらいに恥ずかしい（笑）。

実際には『裸の銃を持つ男』は3本作られていて、その3作目が実にふざけてまして、『PART33 1/3』というタイトルがついてるんです。でも、そのタイトルを鵜呑《うの》みにして、33本と3分の1本ぶん続編がある、と言うぐらい恥ずかしいことなんです。

失敗から得た教訓は……

とにかく、この件はぼくの完全なミスで、何の言い訳もできません。

何でこんなことになったかというとですね。簡単に言うとプレッシャーを感じていたんです。6と7が思ったほど世界にないという事実に(笑)。

これはよく考えてみると、多分そんなに焦ることではないんですよ。だって困ったら『ワイルド・スピード』とかを言えばいいだけなんですから。ところが、ですね……。

そこを映画オタクとしての自負が邪魔しました。「せっかく6、7の特集なのに、そんな企画まず普通は成立しないのに、やれることになった。なのに『ワイルド・スピード』かぁ……メジャーすぎてつまんないなぁ」ということなんですね。「悔しいな、何かないかな」という。

だったら、『13日の金曜日』でよかったのでは? といまとなっては思うんですけど、でも『13日の金曜日』を取り上げて「6」とか「7」の話をするなんて……それって普通だよなぁって思っちゃったんですよね。別に普通じゃないんですけど(笑)。

いずれにせよ、これは大変なことになったと思いました。ぼくが言ったことが間違っていたと放送が終わってから気づいたわけですからね。

そうしたら幸い、その1カ月後にギャレス・エドワーズの『GODZILLA ゴジラ』の公開に合わせて、「怪獣が倒れるシーン特集」をやろうということに一度なったんです。実際には「怪獣が倒れる」は、もっとずっとあとに実現したわけですが。でも、そのときは「6、7」のすぐあとにやることになっていたんです。そこで、ディレクターの蓑和田裕介《みのわだゆうすけ》(*4)さんにお願いして、「怪獣が倒れるシーンのプレゼンの冒頭で、レオナルドの件の謝罪をさせてほしい」と頼みました。そしたら「あ、いいっすよ」と。ところが、その後いろいろあって、「すみません『怪獣が倒れるシーン特集』なくなりました」という。マジか……と思いましてね。じゃあ、次に『タマフル』に出させていただいたときに謝罪しようと決めました。

ところが、次に出たのが、なんと1年半後だったという(笑)。

もうそうなると遅すぎです。謝罪のタイミングを完全に逸しました。そしてそのまま今日に至り、いまこうして皆さんの前で私は懺悔《ざんげ》をしているわけです……。

本当に、本当に申し訳ございませんでした！

『ビル・コスビーのそれ行けレオナルド』は、レオナルドシリーズの6という体《てい》の1でございました。私の調べが足りませんでした。大変失礼しました！

この体験からぼくが得た教訓はシンプルです。プレゼンは調べ物が重要だ、というのはもちろんですが、それよりも重要なのは、「無理したらアカン」ということです（笑）。6とか7の映画なんてものは、そうそうないんですよと。そんなの分かってたことでしょ、と。過去の自分にそう問いかけている自分がいまいるわけです。

いずれにしても、人間は無理をしてはいけないということで、これは戒《いまし》めにしつつ、皆さんも何か参考にしていただけたらと思います。あぁ……恥ずかしい。

自分の声は嫌いだった

次は【コンディション】についてです。これは「声をどう出すか？」という問題です。どうしてこの項目を用意したかというと、たまにラジオを聴いていただいた方から「声がいい」って言っていただけるんですよ。ありがたいことに。

でも、自分としては信じられないんです。考えられないことなんです。だって、ぼくは自分の声が大嫌いだからです。子供の頃から、声は最大のコンプレックスだからです。

（会場から「へぇ、意外」などと声があがる）

いや、そうなんです。ただ実を言うと、子供の頃から大嫌いだったんですけど、最近はそうでもなくなりました。だからといって、自分の声を好きになったわけではありませんよ。単に「どうでもよくなった」んですね。自分の声のことが重要なトピックではなくなったといいますか。ここが大事なポイントかなと思っています。つまり、さっき「嫌いなプロデューサーの価値の上げ下げについて話したのと一緒で、ぼくが「自分の声が嫌いだということの価値自体」が下がってきたんです。だから気にならなくなった。どうでもよくなりました。

それは何でかというと、『タマフル』もですけど、ジェーン・スー（*5）さんの番組とか荻上《おぎうえ》チキ（*6）さんの番組とか、あとは他局ですけどJ-WAVEの番組とか、ラジオにたくさん出させていただくようになって、他にもいろいろな場所で講演をしたりとかですね、あといまのこの時間もそうですけど、人前でしゃべらざるを得ない仕事が増えてきたんです。そんな中で、ひと言発するたびに自分の声が嫌いとか言って気にしていると、仕事にならないということに気づいたんです。要するに、声が嫌いとか言っている場合じゃない。それどころじゃないと言いますか。

むしろ最近は「あれ、今日はちょっと声の調子が悪いな」みたいに思うようになりました。

前は声が嫌いとか言ってたのに「あれ、声の調子が……」なんて、まるで歌手みたいなことを言って。偉そうにね（笑）。

おそらく、声を出すことに関して、照れとかそういう自意識よりも、仕事としての責任感のほうが上になったんでしょうね。しゃべることに自信がついたというよりも、しゃべらなければ、伝えなければ、という価値のほうが上がっているということなんだと思います。

もしかしたらコンプレックスを克服する行程というのは、こういうことなのかもしれませんね。苦手なことを避けるんじゃなくて、あえてどんどんやることで新しい問題が発生してくる。それに対処しているうちに古い価値観、つまり「苦手という価値基準」がスライドしていくというか、大切なことの優先順位が切り替わっていくというか。

息は自らの心である

声のコンディションの保ち方でいうと、『タマフル』の本番の直前にぼくがいつもやってることがあるんです。これはこの間、古川さんにもお話しして「そういえば、やってますね」と言われたんですけど。実は、宇多丸さんがぼくの最初の紹介を言ってくれてる間に、必ず椅子をガッと引いて座り直すようにしてるんです。よく聴いていただくと、その音が入っている回もあるんです。椅子の車輪のコロッて音なんですけど。

それは何のためにやっているかというと、「ちゃんと息をするため」なんです。

椅子を引き、きちんとした姿勢を取ることで、声に対する自意識から身体を逃そうとしてるんです。

日頃プレゼンが苦手と感じているひとと話していると、「あれ？　このひと、きちんと声が出ていないなぁ」と感じることが多々あります。別に大声を出す必要はないんです。ただ、そのひとらしい声がちゃんと出ていさえすればいい。

声がきちんと出ていないひとは、体が楽器としてうまく機能してないといいますか、口から出ていく「息」が、そもそも対象者に向いて飛んでいかないような体勢になってることが多いんです。姿勢を正して、楽な呼吸をして、きちんと息を前に飛ばす。

ぼくの場合は、元々声がコンプレックスなので、この点は特に気をつけています。


息って、自らの心と書きますよね。

しゃべる仕事が増えたおかげで、心というものが、ものすごくはっきりと息に表れてしまうのを強く感じるようになりました。なので本番直前に、必ず椅子をガッと引いて奥に座って、背中を背もたれにピタッとつけるようにして、プレゼンをするようにしてるんです。

これは皆さんも、プレゼンをされるときに意識していただくといいんじゃないかと思います。

椅子に座ってプレゼンするケースは少ないかもしれないので、立っている場合は姿勢を正すだけでも良いのかもしれません。そうすれば呼吸が楽になって、息がしやすくなるはずです。息がしやすくなれば、声も出やすくなって、相手に届きやすくなる。つまりは、良い循環が起きるわけです。

息と体に関して、特に気をつけないといけないのは、コンプレックスが邪魔するときです。このコンプレックスというのは、生まれながらのコンプレックスという意味ではなくて、「声を出すいま、この瞬間」に対して複雑なジレンマを抱えてるときのことなんですけれども。

例えば、日頃意見を言いづらい相手に対して、思い切って何かを伝えなきゃいけないときとか、旦那さんとか奥さんとか、親御さんとか、先生とか、上司とか、あるいは得意先の仕事相手の方に対してとか。要するに、発言するのがちょっと怖かったり、不安だったりする場面ですね。

そういうときは、声を発することへの不安や恐怖心のせいで、どんどん体が逃げ腰になっていくはずです。当然、息がしづらくなります。その結果、声がきちんと出なくなるので、ますます相手に言葉が伝わりづらくなるんです。そうすると相手は良く聞き取れないから、大抵の場合「あぁ？」みたいな感じで聞き返されてしまう。この「あぁ？」って言われることにまた臆してしまうという悪循環が起きるので、気をつけないといけない。

日頃から、自分らしい息をするにはどうしたらいいか、呼吸をするにはどうしたらいいかということを、ちょっとだけ意識してみる。

これは「プレゼンの声の出し方」のヒントになるかなと思います。

大事なのは良い声を出すことではなく「自分らしい声」を出すこと

あとは声を出す訓練を、日常に取り入れていくことも大切です。

ぼくの場合、なるべく毎日、少しでも多くの他人としゃべるということを心がけています。

昔、経験があったんですが、学生の頃に夏休みとかでしばらく家にこもっていたりとかしていると、気がつくと1日中誰ともしゃべってないなんてことが起きる。そういう状態で宅配便の業者さんとかが来ると、不思議なもので本当に声が出ないんですね。

だから毎日ちょっとずつでも意識的に声を出すようにする。話をするようにする。何でもいいんですけど、例えばコンビニの店員さん相手でもいいので、声を出してみる。ただ黙ってお金のやりとりをするのではなくて、「1000円でお釣りをください」でも何でもいいんです。

本当は500円持っていても、1000円札しか持ってないフリをしてでも、相手に声をかけるために、誰かと話をするために、そういうことをちょっとずつ自分に課していって、少しでも声を出して相手に伝えるようにする。そして、相手の声を聞いて、またそれを返すというようなことを日常の中に取り込むといいんじゃないかなという風に思います。

大事なのは「良い声を出すこと」ではなくて、「自分らしい声を出すこと」だと思うんです。自分らしい声が出せるようになると、伝わり方も途端に良くなるといいますか、少なくともハッキリと差が出てくるはずです。

ぜひ、試してみてください。

プレゼンの場でも必要な「自分らしさ」を出すこと

では、次です。【自己開示】ですね。これが本日、最後のトピックになります。

プレゼンや対話の場で「自分らしさを出すこと」や「心を開いて相手と向き合うこと」の重要性について考えてみましょうということなんですけど……。

先ほどの「着想」とどう違うのかと思われるかもしれませんが、着想というのは、自分の内側に存在する「物の捉え方」や「思考の仕方」から閃きを得て、具体的なモチーフを呼び込んでくるものだと思うんです。その結果、モチーフに即した対話やプレゼンが可能になるので、必ずしも自己開示が必要とは限りません。

とはいえ、大なり小なり他人と深く関わろうとすると、あるいは他人に何かをきちんと伝えようとすると、いずれは自分自身の考え方や、自分らしさというものを表出させる、つまりは自己開示をするということが避けて通れないんじゃないかと思うんです。

もちろん表層的なやりとりですむ間柄だったり、キモチよりもカタチが問われる場面のときは別にいいんでしょうけど、もっと密度のある人間関係を構築したり、深くツッコんだ対話が必要になるケースもあるじゃないですか。仮にビジネスの場であってもですね、あると思うんですよ。

そういうときは、やっぱりプレゼンの技術面だけでは対処しきれなくて、「そのひとらしさを出すこと」が問われていくんじゃないか。そんな風に思うわけです。

自己開示と自己主張は別モノ

よく誤解されるのは「自己開示＝自己主張」という論調ですよね。自分が主張したいことがあって、その想いばかり優先してしまう。相手のことを無視して、ただ自分の言いたいことだけをしゃべり続ける。これでは対話になりませんし、そもそも自己開示ではないと思います。

ぼくが言っている自己開示というのは、相手との関係性の中で、自分自身の思っていることや考えていることをきちんと伝えようと、相手に届けようと努力することを指します。

自己憐憫《れんびん》や自己凝視の結果としての「自意識過剰な開示」ではなく、相手との関係性や、その場の状況を好転させるための、ある種の「利他性としての開示」ですね。

それをするためには、プレゼンの際に、対話の際に、「私はいま相手とのやりとりの中で、何を感じているのか？」あるいは「そうして感じたことを私は相手に伝えたいと思っているのか？」ということに意識的になることが、まずは大切なのではないかと思うんです。

情報や知識だけのやりとりではなく、心を開いて自らを開示することで、コミュニケーションが円滑に進むことは多々あります。それに、自己開示をしないと相手が不信を抱くことがある、というのも、よく言われることです。

自己開示には不安がつきもの

とはいえ、自己開示をするには、ある程度、勇気が必要です。自分自身が感じていること、自分自身の物の考えを相手に向かって開陳するわけですから、不安になるのも無理はありません。必ずしも相手から受け入れてもらえるかどうか分からないですし、それこそ今日の前半で申し上げたとおり、他者は自分とは違う存在ですから、肯定的に反応してくれるとも限りません。

そういう意味では、ぼくも不安でいっぱいでした。

『タマフル』でのぼくの最大の自己開示は、ブルボン好きを公言したことでも、ぬいぐるみ愛について熱弁したことでもなく、子供の頃から幽霊が見えていたということを発表してしまったことです。

いまから4年ほど前、2013年の5月に放送された『タマフル』の中で「〝心霊映画〟とは一体何なのか?特集」というのをやらせていただいたんですけど……この特集を聴いたという方は、どのくらいいらっしゃいますか?


（ほぼ全員が挙手）


ああ、ありがとうございます。……そっか、そうなんですね! ここにいる皆さんは、あれを聴いていらっしゃる。なるほど……よくぞ気持ち悪がらずに、今日のイベントに来てくださいましたね（笑）。胡散臭いヤツだとか、ホラ吹きなんじゃないかと感じた方もいらしたかと思うんですけども。

というのも、この、幽霊が見える、亡くなったひとと接触することがある、という話は……まぁ、にわかには信じられないという方も多いでしょうし、そもそもあまり声高に言うことでもないと思うんですよね。

実際、ぼくはそういう自分の特性を、子供の頃からずっと「良くないこと」だと認識していました。もっとハッキリ言えば、完全に「悪いこと」だと感じていたんです。ですからある時期まで、なるべく人前では口にしないようにしていました。他人様に話すことではなかろうと。

でも、話してしまった。それもラジオという公共の場で、電波に乗せて発表してしまった(笑)。要するに自己開示をしたわけです。

当然いろんな反響はありました。例えば去年、拙著の『スクリプトドクターの脚本教室・中級篇』(*7)の出版イベントでジェーン・スーさんにゲストで来ていただいて、一緒にトークショーをしたんですけど、そのときもちょっと興味深いことがあって。

彼女がね、スーさんが、言ったわけです。「三宅さんって幽霊が見えるんですよね」と。要するに『タマフル』の、そのときの特集を聴いてくれてたわけですけど。それで彼女がね、「どうしてその力で金儲けをしなかったんですか?」って言うわけです。「霊能力を使って、お金儲けすれば良かったのに!」みたいなことを言う(笑)。つまり、生きていくうえで武器になる能力だろう、ということなんですけど。

まぁ、びっくりしましてね。ぼくにはそんな発想はまったくなかったですから。だって、子どもの頃からずっと、「嘘をつくんじゃない」とか「そういうことを言うとヘンな子だと思われるから言うな」とか言われてきましたし、友だちに気持ち悪がられることもありましたからね。

無理もないんですよ。亡くなったひとの姿が見える、というのは、普通は「ないとされている能力」ですからね。信じてもらえないのも無理はない。ですから、そういう否定的なスタンスで指摘されるたびに、「ああ、自分が〈事実として〉感じていることは悪いことなんだ……」と思うようになりました。

自分のものの感じ方、認知の仕方は世の中にとっては「悪」であって、認められるべきことではないんだ、と。そう考えるようになったわけです。

じゃあ、なんで言っちゃったんだ、と不思議がられるかもしれません。なんでわざわざ公共の電波で、そんなことカミングアウトしたんだと。これはですね、そもそもあの日に取り上げていただいた映画『クロユリ団地』と深い関係があるんです。ちょっとその話をしますね。

『クロユリ団地』はいかにして〝心霊映画〟になったのか

今日の最初に申し上げたように、ぼくの本業は映画とかテレビドラマの脚本を書いたり、監督をしたりすることです。デビューしてから300本以上手がけているので、本当にいろんなジャンルのものを作ってきましたけど、中でもホラーの、特に幽霊が出てくるタイプのホラーは得意といいますか、一番多く関わってきたジャンルです。

ぼくが作ったホラー映画とかホラーのテレビドラマをご覧になったことがある方はお分かりかもしれないんですけど、ハッキリと2種類に分かれるんですね。

いわゆる普通に怖いタイプのもの。ホラーの作り手としてのテクニカルなアプローチで、ちゃんとびっくりさせたり、ゾッとさせたりするもの。要するに「ホラーホラーしたホラー」とでも言いますか（笑）。それがひとつ。

もうひとつは、「ホラーとしてはあまり怖くないんだけど、何か変だぞ」というタイプのもので、これをぼくはホラーではなくて、「心霊映画」と呼んでいるんですけど、大きくこの2種類が交互に出てくるわけです。

で、この「心霊映画」というアプローチは、明らかにそういう考え方の人間じゃないと作らないようなタイプになっていく。そういう考え方というのは、要するに「幽霊が見えるひとならではの発想」という意味です。ぼくの場合、幽霊と呼ばれる存在はとりたてて異常なものではないという認識なので、「心霊映画」としてアプローチすると、いわゆる「怖さ」のようなものは必然的に半減します。

どちらのタイプに仕上げるかというのは、それぞれのプロジェクトで、仕事の依頼者であるプロデューサーから、どういったオファーを受けたか、どういうプレゼンテーションをされたかによって、選択と行動が違ってきます。要するに、状況によって作劇のアプローチを使い分けているわけです。

で、先の『タマフル』での「〝心霊映画〟とは一体何なのか？特集」というのをやらせていただいたときは、『クロユリ団地』という映画を題材に話をさせていただいたんですけども、この映画がぼくの心霊映画という認知の仕方を企画の主軸に据える、という決断を、プロジェクトのみんながしてくれた作品なんです。

元々は、秋元康《あきもとやすし》（*8）さんが『リング』の中田秀夫《なかたひでお》（*9）監督に、新作のホラー映画を1本作ってくださいというオファーをされたというのがあって。でも、その時点では、まだ具体的な内容は何も決まっていなかったわけです。そこで、じゃあ誰に脚本を書いてもらおうか、という話になって、ぼくの名前が挙がったそうなんですね。というのも、ストーリーの具体がないなりに、中田監督的には「怖いけど、悲しい話」にしたいという狙いがすでにあって、それなら三宅隆太だろう、みたいな話になったらしいんです。

これは、それまでテレビとか映画で、そういう「怖いけど、悲しいタイプのホラー作品」を何本か担当していて、それらが比較的評価されていたからだと思います。

ただ、その頃ぼくは、ちょうど7〜8本のプロジェクトを同時進行させていて、かなりスケジュールがタイトだったんです。ですからご迷惑をかけちゃいけないと思って一度お断りしたんですけど、それでもやってほしいというお話だったので、盟友の加藤淳也《かとうじゅんや》（*10）さんに共同脚本家として入ってもらうことにして、スタートさせました。

実際に参加してからは、ああでもないこうでもない、と試行錯誤しまして、いろんなタイプのプロットを書きました。たしか合計で30種類くらいは書いたと思います。

その中の1本が『クロユリ団地』の原型になりました。

ただ、じゃあそこからスムーズに進んだのかというと、そんなことはなくて。実はかなり大変だったんです。

大枠は決まってるんですけど、なかなかうまくいかない。怖くて悲しい物語、と口で言うのは簡単だけど、どうにも芯が通らない。監督やプロデューサーからのアイデアも取り込んでいくうちに、ちょっとした混乱状態に陥ってしまったんですね。要はホラーとしてのカタチはあるけど、ドラマとしてのキモチが通っていないとでもいいますか。

そのうち、完全に停滞してしまって、プロット作りが膠着状態に入りました。こういうときこそ「転調」が必要なわけですが、そのきっかけがなかなか掴めなかったんですね。

そこで腹を括って、プロデューサーや中田監督の前で、一度プレゼンをさせてもらったんです。何のプレゼンかというと、カミングアウトしたんですね。実は子供の頃から幽霊が見えていた、ということを伝えたんです。なんでそんなプレゼンをしたかというと、降着状態に陥ってはいたものの、その段階では、『クロユリ団地』という企画でぼく自身が描きたいものは、実はハッキリしてきていたからです。

それは幽霊が見える人間の苦悩でした。

過去に執着すると心の時間が止まってしまう

正直、ビジネスの場でこんな話をしたら皆ドン引きするかもしれないな、という想いはあったんですけど、でも、言わないと先に進まない気もしていました。だからこそ自己開示する必要があったわけです。

そのとき映画会社の会議室では、誰一人鼻で笑ったりもせず、みんな真剣に話を聴いてくれました。

おそらく、あまりにも率直に自己開示していたからだと思います。

最初は「幽霊が見えるなんて発言をするひとは気持ちが悪いから、一緒に仕事なんかできません。今日からもうプロジェクトを降りてください」みたいなことを言われるかと思ったんですが、誰もそんなことは口にせず、むしろありがたいことに、ぼくの「心霊に対する考え方」をストーリーの主軸にしようという判断を中田監督をはじめ、皆さんがしてくださったんですね。

その結果が、前田敦子《まえだあつこ》(*11)ちゃんが演じた二宮明日香というキャラクターのありようといいますか、彼女のドラマ部分に結実していって、そこから一気にプロットが動きだし、脚本になっていったんです。最終的には諸事情で、本来の脚本とは後半部が大分違う展開になっちゃったというのもあるんですけど、それはまた別の問題なのでここでは割愛します。

話を戻すと、具体的にはどんなプレゼンだったかということなんですが。

『タマフル』での「〝心霊映画〟とは一体何なのか?特集」を聴いていただくと分かると思うんですけど、ぼくは幽霊が見えるからどうこうというよりも、亡くなっているひとでも生きているひとでも、心の時間が停止してしまうことによって、未来に向かって前に進めなくなるのはとても苦しいことなんじゃないかと考えているんです。

過ぎ去った時間とか出来事とか、要するに過去に執着してしまうと、ひとの心は「いま、ここ」で起きていることに対して、きちんと目を向けられなくなるのではないか、と。

我々、生きている人間は肉体があるので、仮にそういった、辛い精神状態に陥ったとしても、時が経てばお腹も空くし、眠くもなるし、セックスもしたくなる、という具合に自分の身体からフィジカルな信号が発せられて、新しい体験を積むことができます。でも、亡くなった方は肉体がないので、そうはいかない。

文字通り心霊なわけですから、純然たるメンタルしか存在しない。なので、過去に執着したまま心の時間が止まってしまうと思うわけです。

というよりも、実際にぼくが子供の頃から遭遇してきた「いわゆる幽霊と呼ばれているひとたち」は、皆全員が過去に執着していて、止まったままの時間をループしているひとたちでした。

どうして私がこんな目に遭わなきゃいけないの……? とか、私を裏切ったあいつのことが許せない……とか、そういう過ぎ去った時間に対してずっと執着していて、他人を許すことができなくて、自分の感情と冷静に向き合うこともできずにいる。本当にそういうひとばっかりなんですよ、幽霊って。

だからこそ辛いし、苦しい。その結果、彼らは「幽霊が見えるひと」を見つけると依存してしまったり、救いを求めたり、頼ったりしてしまう。

少なくとも、ぼくの認識ではそうなんですね。

皆さん薄々お気づきかもしれませんけど、これって実は、今日ずっと話してきたことと共通しているんです。過去の失敗とか、恥ずかしかった経験とかに執着すると、ひとの心って、時間が止まってしまうんじゃないかと思うんです。

そうなると、また同じことが起きるんじゃないかと不安になったり、どうせ新しい変化なんて起きっこないんだみたいな考え方になって、「いま、ここ」にいる目の前の相手や、新しい出来事に着目できなくなりがちなんですよね。

別に幽霊だけのことじゃないと思うんです。心が存在する以上、いつでも誰にでも起こりうることなんじゃないか。そんな風に思うわけです。

なぜ小学校には怪談があって、幼稚園にはないのか

ちょっと話がズレますけど、昔、興味深いなぁと感動したことがあって。ホラー作品とかをやっていると、小学校の取材とかによく行くんですよ。ロケハンだったりすることもあるんですけど。そうすると全部の小学校がそうだとは言いませんけど、中にはトイレとか体育館とかが、すごく空気が悪いというか、空気が重たいと感じる学校があるんですね。これ別に換気扇が壊れてるとかそういう話じゃないんですよ（笑）。

で、大抵の場合、そういう空気の重たい場所って、生徒たちの間で「怪談」の舞台になっているんです。真偽のほどはともかくとして、幽霊が出たとか、怪奇現象があったみたいなエピソードがまことしやかに語り継がれている。いわゆる「学校の怪談」という概念に通じる話なんですけど。で、実際にちょっと不気味な空間だったりもするわけです。そこはかとなく暗かったり、陰湿な雰囲気が漂っていたりすると。

ところが、以前に、何カ所か幼稚園に取材に行ったときは、1ミリも怖くなかったんですよ。どこもかしこも明るくて、夜でもちっとも暗くないというか、不穏さが微塵もない。「学校の怪談」はよく耳にしますけど、「幼稚園の怪談」って、あまり聞かないですよね？

なんでだろう、って思ったんですけど、これってつまり幼稚園というのは、子供たちが割と自由に遊んだり、お昼寝したり、お絵描きしたりして、要するに「やりたいこと」を中心に、楽しい時間を過ごすことが多い。過去に執着するよりも、未来に向かっていく感覚が強いからじゃないか、と思うんです。

ところが、小学校に入ると、途端に規律や規則が厳しくなっていく。教育のためには仕方ないことなんだとは思うんですけど、大人が考えた「社会性の高いルール」が増えてきて、他の子と同じでなければならないとか、みんなでバランスを取るような「カタチの世界」に入らざるを得なくなる。その結果、ある大きな体制の中に取り込まれていくんじゃないかと。

その中で、プールが苦手とか、跳び箱が苦手とか、そういう運動が不得手な子は、体育の時間が来るのがすごく怖いと感じることもあるでしょうし、あるいは、お腹が痛くてトイレに行きたいんだけど、それを冷やかされるのがイヤだという子もいるでしょう。女の子の場合は年齢的に初潮を迎える子もいるわけで。そうなると必然的にトイレだったり、体育館だったりが子供たちにとって、すごくイヤな場になっていく。

そういう苦手意識とか恐怖心とかが、ネガティブな想いになって、空間に蓄積してしまうのではないかと。跳び箱ですっころんで笑われたとか、プールでいっぱい水を飲んじゃって苦しかったとか、トイレでウンコしてるのがバレちゃったとか、そういう過去の失敗に囚われて、つまり過去に執着してしまって心の時間が止まってしまうんじゃないか。

それが結果的に、そういうことを知らないひとにとっても、つまり取材とかロケハンに行っただけのぼくにとっても、個々の学校のトイレや体育館を暗く感じたり、閉塞感がある「怖い空間」だと感じてしまう要因なんじゃないかと思っていて。

幽霊が見えてしまうのも、個性として受け入れてくれた

要は亡くなったひと、つまり幽霊に限ったことではなくて、生きているひとでも心の時間が止まることはたくさんありますし、ことさら不思議ではないとぼくは思ってるんですね。

そういう感覚を「心霊」と、ぼくは呼んでいて。その心霊という概念を活かした映画が『クロユリ団地』だったものですから、その映画をラジオで取り上げていただくわけですし、実際、脚本家としても監督やプロデューサーみんなとその想いを共有して作った作品だったので、ちょっとこの心霊という概念について触れないわけにはいかないぞ、と思ったんです。

その結果、『タマフル』でのカミングアウトに繋がったというのが、背景としてありました。

なので、事前の打ち合わせで蓑和田さんや古川さんにも、ちょっと今回は自己開示していいですか？　と尋ねたわけです。おっかなびっくり（笑）。

そうしたら「いいんじゃないの」と皆さん言ってくださった。ぼくが本当にありがたいなと思ったのは、宇多丸さんも含めて、タマフルクルーの皆さんが「亡くなったひとが見える」というぼくの認知を、ことさら奇妙なこととして捉えずに、個性として受け入れてくださったこ

とです。これには、ぼくはとても救われました。

とはいえ、実際に放送でカミングアウトするのは大きな賭けでした。リスナーの方たちからはどう解釈されるか分からないですからね。

結果的には、おかげさまで励ましの声をずいぶんといただきました。ぼくが「亡くなった方の姿を見ることができてしまう」ということを、三宅隆太の身体的特徴のひとつとして、多くのリスナーの方たちに理解していただけたというのはとてもありがたかったですね。

もちろんぼくが四六時中、「幽霊はいるんだ！　認めろ！」とか、そんなことばっかり口にしていたり、ことさら声高にオカルティックなことを主張したりしていたら状況は違っていただろうなとは思います。でも、そもそもそんなことは望んでいないというか、本当に普通のこととして認知しているので、わざわざ自己主張する気もないですし、否定的なひとの意見とか認知を変えようという気も全然起きないんですよね。

ブルボンを好きなのもぼくですし、入浴剤が好きなのもぼくですし、チャック・ノリスだったりスクリプトドクターだったり、ホラー映画の作り手だったり、怪獣が倒れるシーンとかなんだ猫かとか、そういう面も全部ぼくですからね。幽霊が見えるというのは、その中の一部に過ぎませんし、ぼくという人間の全体を規定してしまうほどの特徴だとは思っていないんですよね。

実際、年がら年中幽霊が見えてるわけではありませんし……まぁ、とはいえ、時々見えるっちゃあ見えるわけですけども（笑）。

個人の認知は不可侵な領域である

いずれにしても、認知の仕方というのはひとりひとり個人差があるものです。心の中で起きていることである以上、他人には絶対に侵せないものですし、否定も実はできないものだと思うんです。傷つきやすいひとに「傷つくな」と言っても意味がありませんし、笑《わら》い上戸《じょうご》のひとに「笑うな」と言っても意味がない。多くのひとが明るくて綺麗だと感じる街のイルミネーションを、まぶしくて不快だと感じるひともいるでしょうし、渋谷のスクランブル交差点で楽しんでいる若者たちの声を賑やかで楽しいと感じるひともいれば、うるさくて耳障りだと感じるひともいる。こういったことと同じではないかと思うんです。

例えば、性同一性障害への理解は大分進んできましたけど、それでも未だに「そんなの錯覚だ」とか「ウソついてんだろ」とか「自意識過剰なだけだろ」みたいなことを言うひとはいますよね。実際、もしかしたら、そういうひともいるのかもしれないけど、でも個人的な実感として、それを事実だと感じている、認知しているんだとしたら、それは間違いなく当人にとっては現実以外の何物でもないわけですから、他人がどうこう言う問題でもないんですよね。

ぼくにとっての「幽霊が見える」という特性は、そういう個人的認知の延長線上にあるのかなと思っているんです。

まぁ、ただ、あまりにも科学とは逆行した認知なので、違和感を覚える方が多いのは理解できます。でも、だからといってウソだと言われてしまうのも困るわけです。

例えば、ずいぶん前のことですけど、自転車に乗って走ってたときに、突然、女のひとに手首を掴まれて、横転したことがあるんですね。そのとき、視界の端にチラッと着物の袖みたいなのが見えたんですけど。でも、見回すと誰もいない。あれれ？　なんて思って立ち上がると、そこがちょうどお寺の前で。あとで調べたら、そこのお寺は江戸時代に遊郭で働いてた遊女の無縁仏がいくつも祀ってある寺だと分かったりする。

でも、その現象が起きたそのときに、ぼくは「そこ」が「そういう場所」だという知識を持ち合わせてはいないわけです。にもかかわらず、「女のひとに手首を掴まれた」という実感がある。「視界の端に着物の袖が見えた」という実感がある。何よりも転ぶはずのない場所で転んだ。そしたら、そこがそのお寺の前だった。こういう符合をどう説明づけたら良いのか、という話になるわけです。

ぼくの場合、子供の頃から、この手の体験は数え切れないほどあるわけですが、どうやら共通点のようなものはあるんです。基本的に女性の方から依存されたり、頼られたりする傾向があるみたいなんですね。話を聴いてくれとか、アンタなら分かってくれるだろう的な感じで期待されてしまう。

あ、これ亡くなった方の話ですよ。普通のことのように話してますけど（笑）。というか、実際ぼくにとっては普通のことだったので。

他にも例えば、子供の頃、古い旅館に家族で泊まったことがあるんですけど……あ、でもこういう話をしだすと、納涼怪談大会みたいになっちゃいますから、この辺でやめときましょうか。

で、話を強引にプレゼンに戻しますけども（笑）。

まぁ、幽霊が見えるというのは極端にしても、何らかの個人的認知に関して、自己開示というものが必要な場面、それが例えばビジネス上のプレゼンテーションや、大勢の前での何らかの発表会だけではなくて、日頃の対話としてのプレゼンテーションの中でそういったような局面に立たされたときに、他者にとって「自らの認知に価値はあるのかないのか」。これが大きなハードルとブレーキになってくると思うんです。まぁ、ある種のジレンマですよね。

それでこのジレンマというのは、おそらくは今日の話の中では最もハードルが高い障害でもあるでしょうし、場合によってはとてつもない孤独感を誘発する認知かもしれません。

でも、それが自分の認知であるなら、我慢して心の内に秘めていても、いつかは限界が来るんじゃないか、隠したり誤魔化したりしていても埒《らち》があかないのではないか、そもそも心にブレーキをかけていたら、いつまで経っても本当の意味で相手と向き合うことはできないんじゃないか、と思うわけです。

プレゼンテーションは対話だという話をずっとしてきましたけど、対話が苦手だと感じているひとにとっては、自分が一番大切にしている、あるいは自分がずっと向き合ってきた個人的な認知というものが、世間に受け入れられないのではないかという不安や恐怖が、プレゼンターにとっての最後の障壁になるんじゃないか、そう思うんですね。

あなたがあなたであることには、すでに価値がある

ところで、ぼくは映画やテレビの作り手としてだけでなく、教育の仕事もしているわけですけども、ぼくの知る限り、脚本学校に通ってくる生徒さんの中には結構繊細な方が多くて、いろいろな過去があったり、いろいろな想いがあったりするんです。要するに、彼らは他人に対して何か「伝えたいこと」があるんですよね。

そういう「伝えたいこと」を心に溜め込むのが限界で、我慢できなくて、もう無理だと。どうしても描きたいと。で、これもぼくの知る限りはですが、大抵の場合、そういうひとたちは、自分がまずその物語を語ることで救われたいと思っていることが多いんです。

もっと言うと、そうやってフィクションの物語を通じて、自らの真実を語ることで、誰かを

救えたら嬉しいと思っているひとが実は結構伸びるんですね。要するに書く力をつけてくる。少なくともぼくのクラスではそうなんです。九分九厘、女性の生徒さんなんですけど。ちなみに男性は、割とテクニック重視の生徒さんが多いというのが個人的な実感です。

いずれにせよ、「想い」を「語り」に転換するには技術が必要です。心の中に、ただ強い想いだけがあっても、そう簡単にうまくはいかない。その点ではプレゼンと通じるものがあります。ただし、その「語りの技術」というのは、ぼくは表現の本質ではないと思うんです。技術に対する謙虚ささえあれば、順を追って学ぶことで誰でもおいおい身につけられるものだと思うし、実際それほど難しいとも思わない。

むしろ大事なのは、そういう個人的な想いが、他人に伝えたいという熱意が、テクニックよりも先に認知として存在しているということこそが、ぼくは宝だと思っているんです。ですから生徒さんたちによく言うのは、あなたがあなたであることには、すでに価値があるんです、ということなんです。

あなたの世界の認識の仕方は、つまりあなたの認知は、それ自体が唯一絶対の認知なので、仮に世間がなんと言おうと、間違いなく価値があると。

もし、これまでの人生の中で受け入れられなかったのだとしても、気にする必要はまったくない。

むしろ、これからそれを受け止めてくれるひとといかにして出会うか、いかにして共に育《はぐく》んでいくかが大切なんですよ、と伝えるようにしています。実際、そういう風に常々思っているんですね。

さっきの「6、7特集」での『ビル・コスビーのそれ行けレオナルド』の失敗談もそうなんですが、やはり大事なのは「無理をせず、自分に正直になること」かもしれません。

そうすれば、悪しとするひとたちは去り、良しとするひとたちが現れるんじゃないか。そんな風にぼくは考えています。実際、自己開示をすると、つまり正直になると、ぼくが開示した内容を悪しとするひとたちは「ああ、こいつとは合わないな」と大体去っていくんですね。それは何でかというと、向こうにとってうまみがないからです。

逆にぼくの開示した想いを良しとするひとたちというのが、必ず現れてくる。というよりも、元々いたのかもしれないですけど、そういうひとたちのほうが、自分の認知として目立ってくる、目につきやすくなってくるんだと思うんです。

逆に言うと、悪しとするひとが、もし仮に物理的には去らなかったとしても、認知として目立たなくなってくる。気にならなくなってくると思うんです。

決めつけを減らして自己開示すると、生きやすくなる

日頃何らかの閉塞感で苦しんでいるひとや、プレゼンがうまくいかなくて苦しんでるひと、家族との関係や友人との関係、恋人との対話という関係で苦しんでいるという方もいらっしゃるかもしれないですけど、不思議なもので、やはり無理をしないというのは本当に大切で、無理をしなければしないだけ、そんなあなたをＯＫだと思うひとというのは増えるんですよね。

これは本当に不思議なんです。

何かことさらスピリチュアルなことを言っているんじゃないんですよ（笑）。むしろかなり具体的なことなんです。実際ぼくも「本当にこいつは合わないな」と思って、「ダメだ、この会社」「ダメだ、このテレビ局」とか思って仕事していると……あ、テレビ局とか言うと、また数が限られるんで問題がありますけども（笑）。でも、どうしてもこの局のひとたちとはノリが合わないなぁ、と思いながら嫌々仕事をしていたら、不思議なもので、その局からの仕事は来なくなるんですよ。ほんとに不思議だなと思うんです。

逆に、ぼくの考え方とか、個人としての空気感、あるいは作り手として描くものを良しとしてくれるひとたちとの出会いはどんどん増えていくし、オファーも来る。そうやって仕事が回っていくんです。

この循環は結局のところ、今日ずっと話をしてきたプレゼン術とも繋がってくるのかなと思っています。自分に正直になることで、自己開示をしていくことで、結果、「さまざまな事柄が伝わりやすくなるし、ひいては過ごしやすくもなる」。嫌なことが減っていって、良いことばかりになっていく。

というのが日頃、なるべく自己開示をすることによって得られている恩恵ではありますね。

ただし、中には自己開示が苦手な方もいるでしょう。とりわけ男性は自己開示が苦手なひとがすごく多い。

しかも、元来自分の意見を言うのが苦手とされる日本人、ということもありますからね。それを「どうしたら開示できるようになるのでしょうか問題」みたいなものは、いまこうしている間にも、いろいろな所でセミナーがおこなわれていたり、指南書が読まれていたりしているんでしょうけど。

ただ……本当に大切な答えって、外部にはないと思うんですよね。そもそも誰かに自分を変えてもらうことを期待したり、誰かに変わってもらうことを期待しても、実際はそうそう変わるものじゃない。世界が変わるのを望むのではなくて、自分が変われば世界が変わって見えてくる。開示することの意味や価値というのは、そういうことなんじゃないかとぼくは思います。

プレゼンというものは伝えることだと、今日一番最初に申し上げました。「一方通行ではなく対話である（はず）」だと。他人とのコミュニケーションや人前でのプレゼンテーションというものについて不安がある場合というのは、おそらく決め込みが増えるんだと思います。こういう結果が起きたらこう対応しようとか、こうならないように気をつけようというような。そういうときは「すべてを決め込もうとせずに、起きたことに反応する」という意識を持つと、かなり楽になるのではないかと思います。「決め込むと硬くなる。硬くなると折れやすくなる」という、すごく単純なことが言えるんじゃないかと思うんです。

さらに、決め込みすぎをやめると、確実に「転調」に気づきやすくなります。相手に着目することで、転調のヒントは確実に得られます。自分の感情に溺れずに、まずは相手に対して、こちらから先にボールを投げてみる。

そのボールというのは、例えば笑顔でもいいんです。何でもいいんですよ。「おはようございます」みたいな声かけでもいい。そういう単純でシンプルなことでいいので、まずはやってみる。自分のほうから投げかけてみる。そうすると、必ず目に見えるアクションという形で、何らかの展開が起きてくるのではないかなと思います。つまりそれが転調ですね。

「プレゼンとは目的ではなく手段である」

こうして長々と話してきましたけど、結局は冒頭の話に戻るんです。プレゼンというものが過度に難しいものにされすぎなのではないか、と。

でも、「プレゼンは目的ではなく、単なる手段である」という、当たり前のことを忘れてはいけないんじゃないかと思います。手段が目的化するのは本末転倒ですからね。プレゼンそのものを主役に昇格させたり、過度にスポットライトを当てたりする必要もない。プレゼンというシステム自体に着目せずに、対話相手の感情に共感し、自分の感情の動きに自覚的になれば、どんなときだって、あなたはあなたらしくいられるのではないか、と思うんです。

そうじゃないともったいないじゃないですか。さっきも言ったとおり、あなたがあなたであることは、ただそれだけで十分価値があることなんですから。


ということで、ここまで2時間45分ぐらい話してきました。長かったでしょう？　ずっと座りっぱなしでお尻が痛くなっちゃったんじゃないですか？（笑）大丈夫ですか？

本当に皆さんお疲れだと思うので、ぼくの今日のプレゼンはいったんここまでにして、質疑応答のコーナーに移りたいと思います。

お疲れさまでした。どうもありがとうございました。


（拍手）

【注】

*1……「サタデーナイト・ラボ」　毎週週替わりでおこなわれる『タマフル』の特集コーナー。当初は30分の特集コーナーが、２００８年5月31日より「サタデーナイト・ラボ」と命名され60分になり、以降は『タマフル』のメインコーナーのひとつとなった。いまは約30分のときと、約60分のときの2パターンがある。

*2……しまおさんのコーナー　「初代しまおまほのぼんやりイイ話」など、宇多丸としまおまほによる『タマフル』の「ぼんやり」シリーズのトークコーナーのこと。２０１５年4月に、しまおまほが産休に入るまで続いたコーナー。

*3……コンバットＲＥＣ　映像コレクター、ビデオ考古学者。元々は宇多丸の友人で、『タマフル』への出演も多数。「サタデーナイト・ラボ」では多くの名特集を残している。

*4……蓑和田裕介　『タマフル』の番組ディレクター。アメリカ映画興収マニア。

*5……ジェーン・スー　音楽プロデューサー、作詞家、コラムニスト。『ジェーン・スー 生活は踊る』（ＴＢＳラジオ）のパーソナリティを務める。著書に『今夜もカネで解決だ』『私たちがプロポーズされないのには、１０１の理由があってだな』などがある。『タマフル』への出演も多数。

*6……荻上チキ　評論家。『荻上チキ・Session-22』（ＴＢＳラジオ）のパーソナリティを務める。著書に『ウェブ炎上』『ネットいじめ』『僕らはいつまで「ダメ出し社会」を続けるのか』

『彼女たちの売春（ワリキリ）』など多数。

*7……『スクリプトドクターの脚本教室・中級篇』　２０１６年6月に新書館より刊行された三宅隆太の著書。『スクリプトドクターの脚本教室・初級篇』の続編にあたる書籍。

*8……秋元康　作詞家。『ザ・ベストテン』など数々の番組構成を手がけ、その後は作詞家として美空ひばりの『川の流れのように』など数々のヒット曲を生み出す。アイドルグループ・AKB48や乃木坂46、欅坂46などの総合プロデューサーを務める。テレビの企画構成や著書、雑誌連載、映画の企画・原作・監督など、多岐にわたり活躍中。『タマフル』にゲストとして生出演したことがある。

*9……中田秀夫　映画監督。１９９２年にテレビドラマ『本当にあった怖い話』で監督デビュー。１９９８年公開のホラー映画『リング』が大ヒットし、ジャパニーズホラー（Jホラー）代表のひとりとなる。監督作に『女優霊』『仄暗い水の底から』『クロユリ団地』などがある。

*10……加藤淳也　脚本家。数多くの映画やドラマの脚本を手がけている。映画『クロユリ団地』『劇場霊』『ホワイトリリー』など、三宅隆太との共同脚本の作品も数多い。

*11……前田敦子　女優、歌手。アイドルグループAKB48の元メンバー。映画『もし高校野球の女子マネージャーがドラッカーの『マネジメント』を読んだら』『クロユリ団地』『苦役列車』『イニシエーション・ラブ』他、テレビドラマなどでも数多くの主演を果たす。

第3部

参加者との質疑応答

三宅　ここからは質疑応答のコーナーです。何でも結構です。遠慮なくどうぞ。ブルボンとかぬいぐるみの話でもいいですよ（笑）。ではまずそちらの方から。

Q プレゼンのタイトルはどうやって考えている？

観客A　今日はプレゼンありがとうございます。三宅さんの講義がすごく楽しみだったので、直接聴けてとても嬉しいです。ありがとうございます。いつも思うんですが、例えば「なんだ猫か特集」や、「あれ、わたし何やってんだろう？ 特集」、あと「カニと修造理論」（*1）など、すごくキャッチーといったら失礼ですけど、ものすごく興味を惹かれるタイトルが出てくるじゃないですか。あれは内容を考えてから考えるのか、それとも「なんだ猫か」ということから内容を考えるのか、どちらなんでしょうか？

三宅　なるほど。ありがとうございます。確かにそのような質問は多くいただきます。要はプレゼンをする際の「タイトルの付け方」みたいな話ですよね。「なんだ猫か」に関していえば、『タマフル』のプレゼン用に考えたものではなくて、単に普段から言っていたことなんです（笑）。

例えば脚本の打ち合わせとか、そういう場で、ですね。脚本って、マンガとか小説と違って、ひとりですべてを作り上げるものではないんです。監督とかプロデューサーとか、自分とは全然違う人生を送ってきた、全然違う価値観を持った自分以外のひとたちと、それこそ対話を繰り返しながら一緒になって作り上げていくわけですけど、そうなると、互いの想いの共有ができない瞬間というのが必ず訪れるんです。要するに、1本の脚本として完成させるには「作劇」に関する「共通言語」を見つけていかないと、打ち合わせが成り立たなくなることがある。各人が漠然とした、自分なりの物の捉え方だけで話していると埒があかないと。

じゃあ、既存の映画を例にとって話せばいいかというと、今度は、やれ「あの映画のあのシーンみたいにしてほしい」とか「してほしくない」みたいなことばかりになる。ところが、その場の全員がその映画を観ていないと話が通じないですし、仮に観ていたとしても、それぞれの立場や人生観の違いから「そういう風には観ていなかった」なんてことが起きる。そうなると、会話が噛み合わなくなるわけです。

そこで1本1本の映画が持っているストーリーや企画の固有性に振り回されないように、既存の映画のエピソードやシーンが持っている「機能的役割」に着目する必要が出てきます。

つまり、具体性を外した「抽象化」が必要になるんです。ぼくの場合、子供の頃から、映画に限らず、「あれとこれは一緒のグループなのでは?」「あれとこれはこういうところが似ているのでは?」というように、物事を抽象化して共通点を見つけてグルーピングをするのがとても好きなんですね。

例えば、学校の先生とか近所のおじさんとかのモノマネをするのが好きだったんですけど、そもそもモノマネって、ひとりひとりの固有の言動から特徴を抽出《ちゅうしゅつ》して、それを今度は普遍性のある具体に落とし込んで分かりやすく紹介したり、伝達することだと思うんです。

なので、脚本の打ち合わせをしている最中に「なんか2幕にパンチが足りない気がする」とか「この辺りの展開で緊張感が欲しいよね」みたいな話になると、「それって『なんだ猫か』みたいなことですか?」というようなことを口にする。そうやって互いのイメージのすり合わせをしていくんです。もちろん初めて仕事をご一緒する方からは、「は?」とか言われちゃうわけですが(笑)。でも、そういうときは、そこで軌道だけをササッと補足で説明します。「例えばホラー映画の中で、ヒロインがひとりで留守番をしてると、家の中でガタンッと物音がする。よく見るとさっき閉めたはずのカーテンが揺れている。誰もいないはずなのに。殺人鬼の類いが隠れているのかもしれない。それでよせばいいのに近づいていく。ヒロインがカーテンに手をかける。緊張感が高まっていく。思い切ってバッとカーテンを開ける! すると、ニャーーッ! って猫が飛び込んでくる。で、ホッと安心して『なんだ猫か……』なんて呟いたりした瞬間に、今度は逆方向から殺人鬼の類いが襲いかかってくる」といった説明をすると「あぁ、分かる分かる」みたいになって、「要するに2幕に足りないのは緊張と弛緩と衝撃だったんだな」ということが共有意識として持てるようになるわけです。それ以降は「なんだ猫か」

と言うだけで通じるようになるし、みんなも自分が伝えたいことをいろいろと抽象化して口にするようになって「チームとしての共通言語」が増えていく。そうなると、結果的に打ち合わせがユーモラスで楽しい方向に動いたりとかするんです。

ですから、プレゼンのためにというよりは、子供時代の、映画ファンだった頃の「遊びの一種」みたいなものがベースにあるんだと思いますね。「あれ、わたし何やってんだろう? 特集」というのも、「現実の人間はそんなこと絶対に言わないけど、映画の中では言っても許されることになっている必要悪の説明台詞」について探ることが必要になったりしたときに、それって「あれ、わたし何やってんだろう?」みたいなことですよね? なんて話をすると、深刻なムードだった打ち合わせの場が「あー、あるある!」とか言って、みんなで笑いながら、アイデアを出しやすくなるんです。そういうやりとりを日頃からよくしているので、それをそのまま番組内でプレゼンしただけなんです、実は(笑)。

もうひとつ「カニと修造理論」ですよね。あれも「ふとそう思った」というのが正直なところで、特にタマフル用に考えたわけではありません。映画に限らず、ひとが感情移入をしていくプロセスについてだったり、登場人物の紹介の順番を入れ替えるだけで、人間っていとも簡単に共感作用が逆転してしまったりする。その現象を端的に説明できる方法はないかな、と考えていたら、ああいうサンプルストーリーに行き着いたということです。

でも、実は「カニと修造理論」という言葉自体は、ぼくではなくて『タマフル』のどなたかがいつの間にかそういう風に命名してくれたというのが実情で、放送時にぼくは「カニと修造理論」とは言っていないんですけどね（笑）。いずれにしても、抽象化が好きというのが一番大きいかもしれません。さらに言うと、そうやって抽象化して法則性を見いだしたものに名前をつける、ネーミングをするのが好きなんです。ネーミングをすると、グループ分けがしやすくなるので、ストックが増えていく。それが楽しい。だから全然、意識はしていないんです。単に面白がっているという感じです。

唯一気にかけていることとしては、さっきも言いましたが、ユーモアの感覚ですかね。なるべく物事をユーモラスに捉えて伝えたいという思いが強いんです。これはどうしてかというと、人間の記憶ってポジティブな感情を抱いているときはポジティブな記憶が呼び覚まされてきて、ネガティブな思考に陥っているとネガティブな記憶が連動して甦ってくるという特質があるみたいなんです。

例えば、落ち込んでるときって、いいアイデアが浮かばなくなるじゃないですか？　何か面白いことが思いつくときって、笑ってるときだったりすると思うんですよね。なので、なるべく自分も笑っていたいし、対話相手のひとにも笑っていてほしい。だから、率先してユーモアを大切にしていきたいと思っています。そうすれば、明るくて朗らかな思考が連鎖して、対話の最中でも、互いにどんどんひらめきが生まれてグルーヴしていくんじゃないか。そんな気がするんです。その結果が、先ほどキャッチーと言っていただいた「なんだ猫か」とか「カニと修造」といった言葉に帰結していくんだと思います。

ありがとうございました。では、そちらの白い服の方、どうぞ。

Q 緊張とアガるの違いは？　どうすればアガらなくなる？

観客B　「緊張する」のと「アガってしまう」の違いについて触れられていたと思うんですが、もう少し詳しくお訊きしたくて。私は伝えたいことがあるときに、ものすごくアガってしまいやすいんです。例えば、アガらないためにやっていること……先ほどの息を吸うということと同じかもしれないのですが、他にも何か手段があれば教えていただきたいです。

三宅　分かりました。ありがとうございます。緊張に関していえば、実はいまも緊張してるんですよ。

（場内から「えーっ」と懐疑的な声が複数あがる）

いやいや、ホントです。でも、繰り返しになりますが、アガってはいないんです。ただそうは言っても、実は今日のこの2時間半以上の講演の中で、アガった瞬間が2回ほどありました。1回目はタマフル出演時の初回の音声を、皆さんに聴いていただいたときですね。Jホラーの作り方についての回ですけど。あのときぼくはひとりで『バック・トゥ・ザ・フューチャー』してたんですよ。つまり、TBSのタマフルを放送しているラジオブースにタイムスリップしてたんです。意識があのときに戻っちゃったんですね。自分がアガっていた時間に戻ったので、またアガってしまった。

もうひとつのアガった瞬間は、やっぱり「ぶっちゃけ6も好き、なんなら7も好き！特集」の話をしたときですね。『ビル・コスビーのそれ行けレオナルド』という「シリーズ6作目という触れ込みで作られているけども、実際には第1作目だった映画」を「6作目」として紹介してしまった。自分の調べが足りずに間違った情報をラジオで伝えてしまったという話でしたが、あの件をこの場で告白するにあたって、やはりそれなりに勇気は必要でした。なるべく面白おかしく、ユーモアの要素を取り入れてしゃべってはいましたけども、今日の中では最もアガっていた時間だったのは事実です。

もちろん放送時にはアガっていませんでした。自分が間違った情報を話しているという自覚がなかったわけですから当然です。『ビル・コスビーのそれ行けレオナルド』は「6作目」なのである、と信じ切っていましたからね。でも、今日はそうじゃない。だからアガる。この差は何かというと、「恥ずかしい失敗だと自覚していること」について「告白しているから」だと思います。つまり、自意識が働いている。これは誰でもそうだと思うんですけど、自分の恥ずかしい記憶とか失敗体験について思い出したり、他人に話したりするのって怖いし不安だと思うんです。でも、それを相対化しないで、つまり外に出さないで、心に溜め込んでしまうと、自分のことばかり考えるようになって、目の前にいるひとに配慮したり、楽しんでもらうための工夫をできなくなったりする。要は自己保身に陥ってしまうんですよね。自分、自分、自分……となってしまう。ですから、恥ずかしい失敗を、恥ずかしいという気持ちになっているということも含めて認めつつ、謝罪すべきことは謝罪しながら、「自分の感情の動き」を受け入れなければならないなと、いつも思ってます。それが「個別のアガり」を最小限度に留めたり、「繰り返されるアガり」の「根源的な正体」をゆっくりと根絶していく方法ではないかと思うんです。

それでご質問の「アガらないようにするためのコツ」なんですが、ぼくが普段よくやっているのは、「自己評価を徹底的に下げる」という方法です。

これ、そのまま鵜呑みにすると、ひとによってはものすごく心が傷つくかもしれないので、あくまでぼくのやり方としたうえで、もし何か参考にできそうでしたら、という話なんですけど……。

ここ最近流行っている自己啓発本とか心のケア本の類いでは、「自己評価」は「上げていく」方向を推奨してるんですね。簡単に言うと、自分を認めてあげよう、許してあげよう、辛い過去なんか振り返らなくていい、未来だけ見ようよ、というスタンスです。

このスタンス自体は基本的に正しいとは思います。そういう考え方でラクになれるひとが多いから、世の中で広く受け入れられている方法論なんだろうとは思うんです。ただ、ぼくはすごく苦手なんですよね。辛かったり恥ずかしかったりする過去を「ないことにして」未来をつくる、というのがどうにも性に合わない。というか、そういう理念を「実感として」信じることができないんです。

それはぼくが元々自己評価が低くて、すべてにおいて自分以外の世界のほうが正しくて、他人のほうが偉くて立派な存在だと信じているからだと思います。自分から望んでそうなったわけではないんですよ。ただ単に、そういう考え方を信じざるを得ない思考形態が幼い頃にできあがってしまったんですね。だから、自分を認めてあげよう、許してあげよう、辛い過去なんか振り返らないでいい、未来だけ見ようよ、という考え方は到底受け入れられない。

かといって、世間を憎んでいるわけでも避けたいわけでもなくて、むしろ折り合いをつけたいと願っているというのがぼくの思考のベースにあるんです。なので、明らかに過去に何かしらの問題があって、それが原因で苦しんでいるのは分かっているのに、見て見ぬフリをしたり、忘れたり、というアプローチでは、根本的に問題が解決していない気がして、気持ちが悪いと感じてしまうんです。本当は自己評価が低いのに、その実感を無視してまで自己評価を上げるという考え方がしっくりこないんですね。なんかそれって、ぼくのことを憎んだり、批判したりする他人様の「そのひとにとっては大切な想い」をないがしろにしているような気がして、むしろおこがましい感じがして違和感があるんですよ。

なので、ぼくは逆のアプローチをとります。

辛い過去に戻って、苦しい場面を思い出して、恥ずかしかった時間にタイムスリップして徹底的に味わうようにする。その結果どうなるかというと、「嗚呼《ああ》、なんて自分はダメなんだ。大変なことをしてしまった……」と、もちろんそうなります。元々低かった自己評価を、さらに下げてるわけですから、当然落ち込みますし、精神的にはかなり鬱っぽくもなるわけです。でも、そこで自分の心に浸らないようにブレーキをかけます。何のブレーキかというと、自己中心性に陥らないようにするためのブレーキです。

なにしろ本当に本気で自己評価が低いので、そういう「自分が落ち込んだり、鬱っぽくなったりしている時間」が、「自分のことだけを考えている身勝手な時間」だと感じてしまって、罪悪感を覚えるんです。要するに、自分の精神状態にだけ時間を費やしていて、その間、世間や他人様に対して何もできていないじゃないか、役に立てていない時間になっているじゃないか、それって、ものすごくおこがましいことじゃないかと感じてしまうんですね。ですから、落ち込みの気持ちに浸りそうになったら、そのさらに先まで行くように、とにかく限界まで自己評価を下げるんです。

これ、本当に無闇にマネしないでくださいね（笑）。特に自分の感情に浸りやすいひとは、ただ落ち込みがひどくなるだけかもしれないので気をつけてください。

いずれにしても、自己評価を限界まで下げていくと、ぼくの場合、自分なりの「底」に行き着くんです。つまり、自己という根源的な部分に辿り着く。そうやって「底」に着くと、逃げ場がなくなるので二者択一になります。具体的には「自分が世にも恥ずかしい失敗をした、最低の役立たず野郎だということはよく分かった」と。「で、どうするの？　自殺でもするの？」と自問します。

ぼくの場合、ここで「はい、そうします」とはならないんですね。それは自殺するほどには落ち込んでいない状態だから、ではなく、ただ単に本当に「あまりにも自己評価が低いから」です。

自己評価が低いんだったら、自殺を選択するだろう、と思われるかもしれないんですけど、ぼくからすると逆の発想になる。ぼくが自殺をすると、ぼくよりも正しくて偉くて存在価値のある他人様や世間様にご迷惑をかけることになるからです。糞尿を垂らしたぼくの死体の始末を誰かがしなくてはならないですし、やりかけの仕事が完遂していない状態で死んだら、誰かがぼくの尻ぬぐいをさせられることになる。いま以上に、最低の役立たず野郎になってしまいますし、何よりも自分ごときの存在のために、他人様にご迷惑をかけるというのが、おこがましいと感じてしまうんです。

もちろん軽めの落ち込みではなく、他人様や世間様のことを考えられなくなるほど自分のことで頭がいっぱいになるような深刻な事態になることもないわけではないですが、そういうときでも、ギリギリのところで社会に対する罪悪感のほうが勝ってしまう。三宅隆太という人間が存在していること自体が、そもそも迷惑なんだという考えが捨てられないんですね。つまり、自分には、他人様にご迷惑をかける価値も権限も与えられていないし、死ぬことも許されていないくらいに自分は価値が低いんだ、と本気で信じているわけです。なので、限界に近づけば近づくほど、その感覚がムラムラと立ち上がってくるわけです。

そうなると「自殺はヤダな」ってなるんです。死ぬのが怖いからじゃなくて、死ぬとご迷惑をおかけするから。でも一方で自己評価が低いわけですから「こんな自分だったら、他人様には受け入れてもらえないよね」という状態になるんですよ。そうすると「自分は死にたくはないけれど、受け入れてはもらいたいと思っているらしい。だったらどうしたらいいの？」となる。そういうときに、自分を許すとか認めてあげるのではなくて、自分のことなんて考えるに値しないほど無価値である、つまり、三宅隆太なんて生き物は「落ち込みの感覚を抱く価値もないほど」どうでもよい存在である、という精神状態にまで持っていきます。要するに自分への関心を限りなくゼロの状態に持っていくわけです。

その結果、例えば、自分のほうを向いていた「自意識という名のカメラ」に写せるものがなくなってしまうんです。写す価値がないからなんですけど。なので、アングルを変えないと何も撮れなくなる。それで「ガチャコン」と、相手のほうにレンズの視点を向けて、困っているひとはいないかなとか、何か役に立てそうなことはないかなという風に、世間や他人様をよく見たり聴いたりするほうに「自分の関心」をすり替えます。

要するに「視点をズラす」んです。

これは、落ち込んだり、鬱っぽい精神状態になったときに、ものすごく効果があると感じています。あくまでぼくの場合はですが。なので、極度に緊張したり、アガったりしてるときも「自分のことに囚われている感覚」だと感じるので、基本的には同じ思考を辿って、修復を目指すようにしています。

子供の頃からこういった自分を追い込む思考を繰り返してきたおかげで、思考を切り替えるまでの速度は年々上がってきています。昔は何日間も何週間も落ち込んでいましたけど、いまでは最短、数秒から数十秒程度で自意識のカメラを相手に向けられるようになりました。かなり早いでしょ？（笑）

いま言ったぼくのやり方は、少し極端だとは思うんです。でもそれは、ぼくが、幼少時に周囲のひとたちとの関係性の中で「自分は無価値である。存在しているだけで迷惑なのである」という考え方を抱いてしまったからです。でも一方で、何とかして血の繋がっていない赤の他人に必要とされたい、役に立ちたい。そのことで自分が生きていることを、世間様からなんとか許していただきたい、という感覚もすごく強かったんですね。要はジレンマなんですけど。ですから、その当時の、5歳くらいの精神状態にまで時間感覚を戻せば、自分のルーツというか、原点にまで戻るだろうと。つまり、三宅隆太というキャラクターの根源みたいなところまで行くことで、跳ね返りというか反転攻勢のパワーを得ようとする、というやり方をしています。

まぁ、極端な話ですよね（笑）。でも、これがぼくなんですね。これが三宅隆太なんですよ。他のひとのフリはできないんです。ですから、あなたはあなたでまったく別のルーツをお持ちでしょうし、あなたならではの方法がきっとあるはずだと思います。

比較的簡単に試せる方法としては、大学とかシナリオ学校の生徒さんによくお薦めしてるアプローチがあるので、その話もしますね。

アガったり落ち込んだり、自分に意識が向きすぎて苦しいときは、「始まりと中間と終わりがある作業を、取りあえずやってみる」というのがお薦めです。一番簡単なのは、例えば本棚の「どこかの段」だけを整理するとか。並んでる本の高さが揃っていないなと思ったら、一度そこの段の本を全部出して、綺麗に拭いて、高さを揃えて並べ直してみる。

そういう「始まりがあって、中間部があって、終わりがある」という「物語と同じ構造」を有した作業をフィジカルに体験する。そうすると、自らが置かれた苦しみの最中にいる現状にも、ある種の「物語」があって、いつかは必ず終わる、ということを感覚的に理解しやすくなるのではないかと思います。

その結果、いま100パーセントに感じている苦しみも、あとで振り返ったら「物語」として客観的に捉え直せるようになって絶対に終わるんだ、ということを信じやすくなる。これは結構、お薦めの方法です。

ただし、作業に集中しないとダメですよ。「いま、ここ」で自分がしていること、自分がとった選択と行動を信じて、そこにフォーカスを合わせていないと、あまり効果は得られないんじゃないかと思います。

実際、「どうせ」「だって」「でも」といった懐疑的なスタンスでやっていると、自分の感情にばかり浸ることになって、外側からの変化の兆しやきっかけを感じとるゆとりを失います。その結果、「思い込み」を誘発してしまう。どうせチョコでしょ、だってバナナでしょ、と言っていると、自分とは関係のない言葉だと感じてしまう、というのと同じことです。

書籍や本棚という、ある種の「他人のような存在」に集中し、それらを綺麗にしてあげることが「自分と関係のあること」だと信じられれば、閉塞感に縛られた「自分だけの視点」から解放されて、視野が広がったり、感じ方にゆとりができたりするんじゃないかと、ぼくは考えています。

もうひとつお薦めなのは、「自分よりも苦しそうなひとを見つけて助ける」という方法です。これはともすると、「アイツのほうが酷《ひど》い状況だから、自分はまだマシだぜ」というような、やや「上から目線」的な考え方みたいで、ちょっとヤな感じがするかもしれないですけど、必ずしも悪いことではないと思います。目の前の誰かが苦しんでいて、でも、いまの自分には少し余裕があるとするなら、何か役に立てることがあるかもしれないと考えてみる。ボランティアに参加するのでもいいですし、何でもいいんです。例えば物を落としたひとがいたら拾ってあげるとか、電車で椅子を譲ってあげるとか、そんな些細なことでもいいんです。

これも、やろうと思って選択して、行動して終わりがあるという、やはり「物語」と同じような構造ですよね。なおかつ、本棚とちがうのは、相手が「ひと」である、ということです。

つまり、「コントロールが利かない、自分とは別の人間」と関わるようにする。そのひとの役に立てることをしようと試みる。必然的に、自分が計画していたのとは違う、決めつけたり思い込んだりしていた前提とは違う出来事や反応が返ってきます。「ありがとう」と言われたり、「余計なことをするな」と言われたり、いろいろあると思うんですけど、それゆえ同時に「物事は予想どおりに起きるとは限らない」ということを信じられるようになる。つまり、世の中というのは、なるようにしかならないのだから、あまり気にしてもしょうがない、という考え方を自然に抱きやすくなる。これも緊張から解放されるためのヒントになるんじゃないかなと思っています。今日で言うと、「相手の魅力的な特徴を伝え合うゲーム」と本質的には近いかもしれません。こんな感じで大丈夫ですか？

観客B　ありがとうございます。

三宅　長々とすみませんでした。それでは、そちらのピンクの服の方どうぞ。

Q　三宅隆太が出会った、プレゼンがうまいひととは？

観客C　プレゼンが上手な三宅さんから見て「このひとの伝え方は本当にすごいな」とい

う方がいらっしゃいましたら、理由を併せて教えていただきたいのですが。

三宅　分かりました。ぼくはいわゆるビジネスプレゼンに詳しくなくて、その道のプロとかオーソリティーのようなひとの名前は存じ上げないんです。なので、ビジネス界隈とは無縁のひとになっちゃうんですけど、いいですか？

観客C　はい、大丈夫です。

三宅　ぼくの師匠だった映画監督の若松孝二《わかまつこうじ》（*2）さんという、もう亡くなってしまいましたけれども、あのひとは中学中退でボキャブラリーも少ないですし、元の職業がヤクザですし、映画学生とかをすぐに殴りますし、事務所の電話は公安に盗聴されていましたし、いろいろと問題のあるひとでしたけど……（笑）。ただ、他人に想いを伝えて、そのひとがそれを自分のことのように感じてワクワクしながら動いてしまう状況を生み出すことにかけては天才的だと思いましたね。

ぼくが映画の仕事を続けられてプロになれたのは、若松さんの助監督をやっていたからだと思います。実はぼくは若松さんがつくる映画自体はそれほど好きなわけではないですし、実際、助監督をしていた頃は若松さんのことを「好き勝手言いやがって。死ねばいいのに！」とか思ったこともないわけではないのですが（笑）、でも結論から言うと大好きでしたし、いまでも大好きです。亡くなったいまでも、時々思い出しては温かい気持ちになったりします。そういう意味では、いまでも若松さんはぼくのそばにいるということですよね。ぼくの人生にとって「どうでもよくない大切なキャスト」のひとりなんだと思います。

で、どうして若松さんのことをプレゼン上手だったと感じているかというと、正直なひとだったからです。その気がないのにあるフリをすることがなかった。例えば、話を聴く気がないのに聴く気があるフリをしたり、興味がないのにあるフリをしたりすることがなかった。実際、興味がないことに関しては「俺、全然興味ねぇから」と平気で口にしちゃう（笑）。要するに、正直であると。そこが、ぼくの胸にはとても響きましたね。

一番印象に残っているエピソードは、ですね……ごめんなさい。これちょっと長くなっちゃうかもしれないいんですけどいいですか？（笑）

そもそもぼくが生まれて初めて映画の現場に就いたのは、大学1年生のときでした。若松プロダクションの映画で若松さんの助監督をしたんですね。それが最初のキャリアです。

若松プロダクションはご存じの方も多いと思うんですけど、一応、日本では最も恐ろしいといわれていたプロダクションです。どう恐ろしいかというと、現場で殴られる、蹴られるなん

ての は当たり前でしたし、「死ね」とか「殺す」なんて言葉は、挨拶代わりかと思うほど普通に飛び交っていました（笑）。ぼくも相当やられましたけど、でもすごく勉強になったんです。ちなみに助監督時代、ギャラは1円ももらっていません。役に立ってないんだから、金を払う義務はない。むしろ勉強させてやってるんだからお前のほうこそ金を払え、とよく言われてました。まぁ、いまでいう「ド」がつくほどのブラック企業ですよね（笑）。

若松さんて、横暴なイメージが強いですすし、実際そういう面もあるにはあるんですけど、本当はすごく周りに気を遣うひとで、みんなが疲れないように、早めに現場を終わらせようと思って、早撮りをしちゃうんですよ。

で、あるとき、その日の撮影が終わって、若松監督が帰ったあとに、スタッフの何人かが「あそこはもう少し粘ればいいのに」とか言っているのが耳に入ってきたんです。ぼくはものすごく不思議に感じてしまって。「え、そう思ったんだったら、なんでさっき本番のときに言ってあげないの……？」と。

でも、もう偉い監督になっているから、そういうことを誰にも言ってもらえない立場なんですよ、若松さんは。そのとき、「ああ、監督っていうのは孤独な職業なんだなぁ」と痛感しましたね。

それから何日か経って、ぼくは現場でカチンコ叩きをしていたわけですが、あるシーンの本番で若松さんが、「これ、もう1回やりたいな……」と思っているのが分かっちゃったときがあったんですね。

でも、スケジュールが押していて、若松さんは「カット、はいＯＫ」と言ったんです。その瞬間、みんなが片付け始めて、次の準備にかかっちゃったんですけど、ぼくね、黙ってられなかったんです。

サード助監督ですよ。カチンコ叩きですよ。しかも大学生ですよ。なのに「監督、もう1回いきませんか？」って、そこで言っちゃったんですよね（笑）。


（会場のあちこちで「えーっ！」と声があがる）


そうなんですよ。マズいですよね。ヤバいですよね。血の気が引くとは、まさにあのことですよ。もうね、周りは完全に「潮干狩り」状態ですよ（笑）。ザーッとなってね。状況はもう最悪ですよ。そんなね、サード助監督のカチンコ叩きの分際で、監督に対してそんなこと言うなんてあり得ないわけですよ。もちろんそれは頭では分かっていたんですけど、でも反射的に言っちゃったんです。

そうしたら若松さんが機転を利かせて、「三宅大監督さまが、もう一度やれとおっしゃるので」と言ってギャグにしてくれたんですよ。あれはある種のプレゼンだったと思います。で、もう1回やったんですね。本番を。結果、いいテイクが撮れました。ただ、当たり前ですけど、そのあとで、ぼくは先輩のスタッフたちから無茶苦茶怒られました（笑）。

それでなにぶん下っ端なので、みんなが帰ったあとも片付けをしたり、明日の準備とかでスタジオに残ってて、もう終電がなかったのでスタジオに泊まろうかなと思っていたんですけど、若松さんが「車で送ってやる」と言ってくださって。それで助手席に乗って……まぁ、それもありがたい話なんですけど、そしたら走っている最中にポロッとね、「さっきは、ありがとうな」と言ってくださったんです。

すごく嬉しかったですね。お役に立てたのかなと思って。サードの分際で進言したのは非常識だったかもしれないけど、業界的にはルール違反だったかもしれないけど、カタチではなくてキモチの部分での反射的な発言だったので、作為がなかったぶん、もしかして伝わったのかなと思います。でも、そういう作為のない正直な発言というのは、誰あろう若松さん自身が普段からしていることなんです。ぼくはその連鎖に乗っただけなのかもしれません。とにかく正直でシャイでチャーミングなひとでした、若松孝二監督は。まぁ、働いたぶんのギャラは払ってほしかったですけど（笑）。

あとは、何かありますか？　どうぞ、そちらの方。

Q　自己開示にも種類があるのでは？

観客D　自己開示の話を聞いていていてちょっと思ったのが、「弱みを見せる」ということってあるじゃないですか？　多分、良い自己開示と悪い自己開示というものがあって、自分でいい自己開示をしているつもりだったものが、自慢話をしているということもあるかと思うんです。分類するわけではないんですけれども、自己開示のときに自分の中で何個か持っていて、例えばもし三宅さんだったら「心霊のこと」だということなのか、それともコンプレックスではないんだけど、そのときの企画とかで思った自己開示というか、自分はこういう風に見たんだよというか。そこが何か自分ありきの自己開示なのか、そのものに対しての見方の自己開示なのか、少し分からなかったので教えていただけますか？

三宅　ご質問の意図がうまく汲めていないとしたら申し訳ないんですけど……。正直、良い自己開示と悪い自己開示というのは、ぼくはちょっと分かりかねます。というのも、ぼくが考える自己開示というのは、相手に「伝えたいこと」があるからこそ、自己を開示している状態を指しているんですね。ですから、伝える気がないなら、すでに自己開示ではないと思っています。

それと自慢話でいうと、聴く側が自慢話だと感じてしまう話だとしても、仮に言う側にとって自慢話という認識がなかったとするなら、それはもうすでに自慢話ではないんじゃないか、という思いもあります。話し手が、自慢とは違う何らかの意図があって話をしていることを、聴き手が「個人的経験から来る前提」をベースに「自慢だ」と誤認している可能性もあるからです。ですから、話し手の想いや意図を探ると、対話を深めると、実は自慢でも何でもなかったってことは多分にある気がしますね。

そもそも、話し手が自慢話をしている自覚があるときというのは、相手に「伝えたい」んじゃなくて、ただ「言いたい」だけなんじゃないかと思うんです。

そういう意味では、自慢話というのは、そもそも自己開示じゃないんだとすら思います。例えば、先ほどの良い自己開示と悪い自己開示という話に繋げて言うと、「言いたいことを言いたいから言う」のは、あくまで利己性であって、利他性ではない。一方で、「伝えたいことを伝えようとする」のは、「伝える」という行為自体がそもそも相手ありきのものなので、利他性が含まれるのではないか、と思います。プレゼンがまさにそうですよね。言いたいことを言っているだけのプレゼンは、聴く側にとって得るものがない独白にしかならないんじゃないでしょうか。

ちなみにぼく、自慢話をされるのって、実はあまり嫌いじゃなくて（笑）。もちろん「言いたいから言う」だけの話は聴いてて苦痛です。それは、相手の方がぼくと対話する気がないわけですからね。でも、自慢話の中には「この話、聴いてほしいの！」という類いの自慢話もある気がするんです。いわゆる「ちょっと聴いてよ！　奥さん！」的なものですけど。いや、別に男性でも良いんですけど（笑）。そういう自慢話は全然苦にならないですね。話してるひとがワクワクしてるのが分かりますからね。あ、楽しいんだな、聴いてほしいんだな、と感じられる姿勢は、こちらとも関わる気があるわけですから、ぼくとしても聴くことで相手の方のお役に立てる気がしてくるといいますか。ですから、そういうのは全然ヤじゃないですね。

逆に心の中では思ってることがあるのに、それを言わずに黙ってるというのは、ぼくからするとちょっと罪なことなんですよ。ぼくが言ってる自己開示というのは、要するに開示しなければいけない相手がいるから自己開示なのであって、自分がひとりで世界を回していけるのだったら開示する必要はないと思うんですよ。ですから、ぼくの解釈では、自己開示は利他性ということになります。「自分がひとりで背負っていて、それで事がすむなら別にそれでいい」と思うんですけど、「それですまないと本当は思っているのに、黙っているのが相手のためだ」という考え方はおこがましいし、危険だと思うんです。相手のことを分かったつもりになってるだけかもしれないよ、という。

つまり、さっきの若松さんの話がまさにそうなんですけど、要するに、若松孝二の演出に対して思うところがあると。ところが、本人が帰ってしまってから文句を言う。それは若松さんに対する助けにはなっていないわけです。助けたいなら本人の前で言わないと意味がない。もちろん助ける気がないなら言わなくてもいいと思いますが、だったら、別に本人がいなくなったあとも言わなくていいじゃん、と思うんですよ。本人の前で口にする度胸も愛もないのに、「俺はあの演出じゃダメだと思うんだ」と言いたい自分、なだけなんじゃないの？　と。それならそれで別にいいと思うけど、だったら、翌日に本人を前にしたときにも同じ態度を貫けばいいのにと思ってしまう。どうしてダメだと思ってる監督のことを、そんなことは考えていませんよ、むしろあなたのことを想っているんですよ、みたいな態度を取るんだろうと。それってつまり、その気がないのにあるフリしてるってことでしょ？　と感じるわけです。ぼくとしては。だからってサードの分際で本人の前で言っちゃったりすると、周りの人たちからはすごく怒られるわけですけど（笑）。いずれにしても、あそこでのぼくの発言は、若松さんに対する自己開示だったんだろうとは思います。

ちなみに、「〝心霊映画〟とは一体何なのか？特集」を『タマフル』でやらせていただいたこと自体は、タマフルクルーの皆さんにそれを良しと言っていただいたから実現したわけですけど、その元になってる『クロユリ団地』の打ち合わせの席で、ぼくが「幽霊が見える」と言ったのは、完全に自己開示です。企画が停滞していたし、もう何をやっていいかみんな分からないという状態のときに、これを言って変なヤツだということでクビにされても全然構わない、それよりも事態が打開できる可能性があるなら、とリスクを感じつつも、思わず言ってしまったと。そうしたら「それだ」と皆がなって、「よくぞ言ってくれた」と、「その考え方でいこう」ということになったので。別に「おいら幽霊が見えるんだぜ」って言いたいだけだったら、それこそ自慢話でしかなく、自己開示にはならないと思います。まぁ、幽霊が見えることが自慢話かといわれると、ぼくは全然そうは思わないですけどね。むしろヤバいでしょ、そんなもん見えたら。全然自慢にならないですよ、そんなの(笑)。

いずれにせよ、自己開示っていうのはやはり本質的には利他性と通じるものがあるんだと思います。

でも、それってすごく難しいんですよね。結局、自分を疑う習慣と、自分が思い込んでいないかなと意識をする習慣というのは、日々の対話を流さずに、そのつど「くさび」を打っていかないといけないということでもあると思うんですよ。ですから大変だとは思います。とはいえ、ことさら無理をするというよりは、単純にそういう選択と行動を楽しめたらいいなと思いますね。ひととの関わり方とか、ひとに伝えたいこととか、あるいは伝わってくるものをどう受け止めるかとかですね。そういう時間を楽しんで過ごすと。

どのみち、自分以外のひとは全員違うひとですし、思いどおりにすることはできない。だから人間関係はめんどくさいわけですけど、一方で、だからこそ他人と関係を結ぶことは素晴らしい体験なわけで。生きている以上、自分の価値観に縛られたり、自分のことを守ろうとするよりも、違うひととぶつからないともったいないと思うんですよ。せっかく寿命があるのに、人生のチケット代がもったいないとでもいいますか（笑）。せっかく乗り物全部乗れるチケットを買ったのに、「ビックサンダーマウンテン」ばかり乗ってたり、「魅惑のチキルーム」だけ観てるんじゃもったいないといいますか（笑）。おかしな例えですが、そういうことかなと思ってます。

あとはどうでしょうか？　はい、そちらの方、どうぞ。

Q 多人数を前にしても、自意識過剰にならないためにはどうしたらいい？

観客E　プレゼンをする際に、対話という話があったんですけれども、それは1対1、1対2、1対3ぐらいであると自意識が発動しづらいんですけれども、1対30などになると対話感がなくなってしまって、急にアガりやすくなってしまうところがあるんですが、その辺りで自意識が発動しづらくなる方法というのはありますでしょうか？

三宅　ありますありますあります。あ、すいません、即答しちゃいましたけど（笑）。ぼくの場合、まずプレゼンを開始する前に、会場を見渡して、参加者ひとりひとりの顔をよく見るということから始めます。今日も実は、話を始める前、ぼくは皆さんの様子をぐるーっと見渡していたんですけど、覚えておいでの方、いらっしゃいますか？

（うんうんと頷いて反応するひと、さぁ、と首をかしげるひとなど、反応はさまざま）

実は最初、この会場を見渡してから話を始めてたんです。それはなんでかっていうと、アガらないためです。アガってしまうと、皆さんと対話ができなくなったり、おひとりおひとりの反応を感じ取りにくくなるからなんです。それじゃあこの場という時間がもったいないし、何より皆さんに申し訳ないですよね。

そもそも対話って言語の対話だけじゃないと思うんです。ノンバーバルメッセージという風によく言いますけど、想いを表現する方法って言葉だけではないんです。例えばさっきから、皆さんの中から何人かの方と質疑応答という形で、直接言語で、バーバルで対応してますよね。では、質疑応答を始める前の、ここに至るまでの2時間半は誰とも対話してなかったかというと、そんなことないと思ってるんです。というのも、今日は始まってからずっと、ぼくと皆さんはノンバーバルで伝え合っていたはずなんですよ。声を出して反応してくださった方も、そうでない方もいらっしゃいましたけど、でも、各々表情だったり、頷きだったり、こう、首をかしげられたり……そういう動作を通じて、皆さんがぼくの話や問いかけに応えようとしてくださっているのが伝わっていたんですね。もちろん、ぼくは今日プレゼンターとしてここにいるわけですから、次から次へと一方的に、皆さんに向かって話したり、問いかけたりしてきました。それがぼくの役目だからです。だからこそ皆さんは笑ってくださったり、もちろん、中にはあくびをされたり、時計を見られたりする方もいらっしゃいましたけど、でもおひとりおひとりが何らかの反応をしてくださる。これがぼくは、対話なんじゃないかなという気がするんです。言語を使わない、もっと原初的なレベルでの対話ではないかと。逆に無理して言語を使って対話をすることによって、関係性や事態がややこしくなることって、たくさんあると思います。

大勢いるとアガってしまうということでしたけど、実は「大勢いるときこそ、相手を見たほうがいい」と思うんです。これが人前でアガらないようにするための、最大にして唯一の方法だとぼくは思っています。目をそらすと、いつの間にかここに60人いらっしゃる方が、みんな違うひとで、ひとりひとりが異なる心を持った存在だという当たり前のことを忘れて、まるで「ひとかたまりの軍団」のように思い込んでしまいがちなんです。

そうすると、過度に緊張してしまったり、アガってしまったりする。でも、落ち着いてよく見ていけば、皆さんおひとりおひとりが、つまり個別の聴き手の方たちが、全員が別人だからこそ、個別に反応してくださってるのが分かるはずなんですよね。なので、ぼくは今日の最初に、皆さんのお顔やご様子を見回したんです。軍団として扱いたくなかったし、十把一絡げみたいに捉えたくなかったからです。

この「見回し」というアクション、というか、習慣？（笑）　ちょっとだけ勇気がいるんですけど、大勢をお相手にプレゼンされる際は、ぜひ試してみてください。

観客E　ありがとうございます。

三宅　もうおひと方いらっしゃいましたよね。あ、そちらの方ですね。どうぞ。

Q プレゼンする側とされる側。知識や関心の差をどう埋める？

観客F　先ほど、プレゼンを発する側と受け取る側に、どうしても関心の度合いに差があるというお話がありましたけれども、関心の度合いの他に、例えばプレゼンする内容については、背景知識や事情などについて差がある場合もあるかと思います。そういったときに、どうしても発する側の説明がなかなか受け手に伝わらない場面というのがあるかと思うんですけど、そういった際にその差、その度合いを埋めるための適切な工夫などがもしございましたら、教えていただけますでしょうか？

三宅　分かりました。ものすごくシンプルに言うと、扱っているトピックに関しての、パブリックイメージを活用することだと思います。例えば、プレゼンで「あるトピック」を取り上げるとして、世間の最大公約数ではそのトピックのAという側面が「主題」だと解釈されているらしいと。ところが、自分がプレゼンで取り上げたいのは、同じトピックのBという側面についてだとします。こういうときに、Bについての解釈を慌てて伝えようとすると、自分の物の見方に固執したり、直接的に具体の話題に入り込みすぎてしまいがちで、プレゼンの趣旨が伝わりづらくなると思います。

なので、まずはAの話題から入る。そして聴き手から共通の理解が得られたら、あるいは聴き手の反応からそれに近いものが得られたと感じられたら、話題の切り口をBに移行する。さらに、そのときに、いきなりBに入るのではなく、AとBをちょっとだけクロスオーバーさせるように意識する。要するに、徐々にAからBへと話題の中心を移していくと、いくぶん伝わりやすくなるのではないかと思うんです。少なくとも、ぼくの場合はそういう風に心がけています。

具体的な例でいうと、例えば「スクリプトドクター」という職業は、ぼくが『タマフル』

で口にするまで誰も知らなかったと思うんです。『タマフル』に出させていただいたおかげで、10年経ったいま、相当普及しましたけど……最初はそんな概念は全然分からなかったと思うんですよ。とはいえ、プレゼンをする以上、リスナーの皆さんにも興味を持って聴いてもらわなければいけない。そうすると、まずは元々ある要素、つまり映画やテレビドラマの脚本についての、偏見も含めて元々存在している世間的なイメージ、つまりパブリックイメージで話題を進めていく。あのときは、「映画とかテレビドラマって、脚本家が好き勝手に書いた脚本を、そのまま撮ったものという印象があるかもしれませんが、実は……」と言って、まずはスクリプトドクターの仕事内容についてではなく、プロの脚本家は誰しもが皆、「リライト」という作業をしているんですよ、という話題から入ったんです。

これは、そこから徐々にスクリプトドクターが、うまくいっていない脚本の構成やその他諸々の問題点とどう向き合うか、という話題に移せるようにと、プレゼンの下地を固めるためでした。

でも、拙著の『スクリプトドクターの脚本教室・初級篇』をお読みいただいた方はお分かりかもしれませんが、実はぼくがやっているスクリプトドクターのアプローチは脚本そのもののもさることながら、脚本家やプロデューサーの心の問題だったり、コミュニケーションのすれ違いだったりが生み出す問題に対処したり、援助したりすることがメインです。

だからといって、この話を第1回目であまり深く掘り下げると、おそらくは詰め込みすぎになる。リスナーの方たちからすると話題の主軸が掴めずにトゥーマッチな印象を受けるかもしれないし、そもそもが興味を持てないかもしれない。もっと言ってしまうと、単に「ぼくが言いたいこと」を「言っているだけ」になってしまう危険性もありました。なので、この「脚本にまつわる心の問題」についての話題は、その後、2回目、3回目とやらせていただいた「スクリプトドクター特集の続編」のプレゼンで掘り下げていったり、別の映画の特集のときにじわじわと挿入してきたんです。つまり、時間をかけて理解を得ようとしてきたわけです。

おそらく、特殊な知識や情報がないと、理解しづらかったり、伝わりづらかったりするモチーフを扱う際は、プレゼンで取り上げる内容のカロリーを下げるか、回数を分けるかして、小出しにしていくことが大切なのではないかと思います。つまり、一番言いたいことを少し我慢して、伝えることに集中し、まずはトピックに興味を持ってもらうといいますか。

例えばチャック・ノリスのプレゼンのときも、もし、いきなり「いやぁ、『地獄のヒーロー5』という傑作があってですね」みたいなことから言い始めてしまうと、誰もついてこられないと思うんですよ(笑)。そこは、ちょっと我慢が必要というか。『地獄のヒーロー5』というタイトルを「言いたいだけのオタク的な思い入れ」をグッと堪える。自分が言いたいことをではなく、相手に伝えたいことをまずは考える。

なので入り口は、80年代にはアメリカにアクションスターがいっぱいいまして、と。シルヴェスター・スタローンとかアーノルド・シュワルツェネッガーは有名ですけど、実は第3の男がいたんですよ、という風に、時代だったり、アクション俳優だったりといった、プレゼンのトピックと関連性のある要素のパブリックイメージから、つまり大きな切り口から進めて、徐々にクロスオーバーしながら細かい切り口に話題を移していく。そうすれば聴き手の好奇心を高められるし、トピックに対しても関心を抱いてもらいやすくなる。そうなると、のちのち固有性のあるタイトルや具体的なエピソードが出てきても、聴き手は理解しやすいし、集中力も維持できるんじゃないかと思います。

おそらくこういった進め方をするコツは、日頃から他人とのコミュニケーションに関心を持ったり、他人の認知に配慮すること自体を楽しむ感覚を持つしかないのかな、と感じます。聴き手のひとと共有できるものは何だろうと、それを探るのが楽しいな、とワクワクするといいますか。

昔、『冷静と情熱のあいだ』っていう映画がありましたけども、自分の高揚感と他人の好奇心の量感のはざまを行き来する感覚が大切なのかもしれませんよね。

そのためには、プレゼンで取り上げるトピックの固有性や具体性に、あまりこだわりすぎないことも重要な気がします。先ほどお話しした「なんだ猫か特集」もそうなんですけど、要は「抽象化」の考え方ですね。これは共有できるな、これはこう言い換えられるな、みたいなアプローチを、日頃から意識的に「遊びの感覚」として取り入れていくと、いざというときに相手に伝わりやすい表現が自然と口をついて出やすくなるかもしれませんし、ボキャブラリー自体も増えていく気がしますね。

観客F　ありがとうございます。

三宅　お待たせしました。そちらの、先ほど挙手していただいた方、どうぞ。

Q　脚本と小説は違うもの？

観客G　今日の話とは少しズレるかもしれないんですが、いま、脚本というお仕事をされてると思うんですけれども、小説みたいなのを将来書きたいというようなことがあるのかなということと、小説と脚本って結構差があるものなのか、似たような作業なのか、それが知りたいなと思いまして……。

三宅　実は小説はかつて1冊だけ出版したことがあるんです。自分が脚本と監督を務めた『七つまでは神のうち』(*3)という映画の原作本です。実際には、表向きは原作ということになっているノベライズだったんですけど（笑）。ただ、当時は全然力が伴っていなくて、小説としての出来は散々でした。それでも伝えたいという想いだけは強くて、映画では描かれていなかった登場人物たちの気持ちとか心のすれ違いとか、とにかく読み手の方々にお伝えしたいことがたくさんあったので書かせていただきました。その想い自体は、小説としては拙《つたな》いなりに、読んでくださった多くの方には響いたみたいです。ありがたいな、と思いました。やはり小説じゃないと表現できないことというのは、確実にありますからね。

それで脚本と小説には差があるのか、ということでしたけど、ひと言で言うと、まったくの別物です。とりわけ人物の内面描写、心の中で何が起こっていたかという描写に関しては、脚本はとても苦手とする表現で。というか映画自体が、カメラを通じて「目に見えるひとの行動」を描くもので、「目に見えない心の内面」を描くメディアではないんですよね。ですから、映画のベースになる、いわば設計図であるところの脚本にも、内面を書くことができない、という実情があります。

にもかかわらず、そういうものを取り込もうとするから、ぼくのホラー映画はよく誤解されるんだと思います（笑）。現場では、ぼくも役者もカメラマンも「映っている」と「信じて」撮るんですけど、でもそれが多くのひとが抱いている「ホラー映画に対する、前提としてのバイアス」を通じて見ると、ちっとも映っているようには見えない、みたいなことがいつも起きるんです。

それでも仕事をオファーしてくれるひとがいるので、なんとかプロとして仕事を続けていられるというのはあるんですけど（苦笑）。

どうもぼくは、最大公約数に向けてつくるべきとされているジャンル映画とかブロックバスター作品を、少数派に向けてつくる傾向のあるヨーロッパ映画みたいな考え方で作ってしまうクセがあるんですね。意図してそうしているというよりも、ありのままのスタンスでやると、そうなってしまうという感じなんですが……。先ほど「ジャパニーズヨーロピアン」の話が出ましたけども（笑）。

話を戻すと、小説はやはり内面の描写が書ける点が最大の魅力だと、個人的には、感じています。ですから、そういう意味では、また書いてみたいという憧れはありますし、実はオファーも時々受けてはいます。

でも、多分もう書かないと思います（笑）。文才がないからというのもありますけど、内面について取り上げたり、伝えたりすることに関しては、今日こうして皆さんと接しているように、「対面」という形で他人と時間を共有することのほうが、自分らしいアプローチのような気がしているからです。見えないはずだと言われてる「心のコミュニケーション」ですけど、ぼくはそうは思わない。だからこそ、自分とは別の人間と一緒に同じ時間を共有して、そこで軋轢が生まれたり、でも対話をすることを諦めなかったり、そのうえで葛藤したり、関係性が改善されたり、といった人間関係のほうに力を注ぎたいなと思ってるんです。ぼくの場合は、そっちのアプローチのほうが他人様のお役に立てるのかな、と感じています。

小説を諦めているわけじゃないんですけど、元々読書家でもないので、そこまでの魅力をそもそもあまり感じてないんでしょうね。むしろ、小説を書く時間があるくらいなら、ひとと対話するほうに時間を使いたい。さっきも言いましたが、寿命もありますしね。実際いつ死ぬか分からないじゃないですか？　明日トラックに轢かれるかもしれないし、通り魔に刺されるかもしれないし。人間ドックに行ったら癌が見つかるかもしれないし。いずれにしても、寿命は限られているわけですからね。限られた時間の中で自分にできることは何だろうと考えていくと、小説という選択肢はあまりないかもしれませんね。なので、そういう風に思ってます。

観客G　ありがとうございます。

三宅　ありがとうございます。すみません、そちらの方、お待たせしました。

Q　上司にキャラを決めつけられ、マウントされてしまう。どうしたらいい？

観客H　ビジネスプレゼンみたいな質問になってしまうかもしれないんですけど、お話を聞いていて、ちょっと苦手なパターンが自分のプレゼンの中にはあるなと思いまして。それは例えば、自分の上司に対して何かをプレゼンするときに、その上司は自分が過去にやった失敗みたいなものを前提にして、「お前はこうだ」という風に押しつけられるというか、枠にはめ込まれるといいますか。それを少し変えていきたいと思ってる自分がいるものの、結果、上司にマウントを取られていくみたいな、そういうことでうまくいかなかったことが結構あるんです。そういうことで、また苦手意識を持ってしまうみたいなことがあって、上司は多分、良かれと思ってこちらをキャラクター付けしてきてるんですが、それをうまいことユーモアで返したいんですけど、うまくいかずに苦手意識を持ってしまうみたいな。これは、どうしたものかなぁなんて思うのですが……。

三宅　ぼくは会社員ではないので、会社組織のシステムについてどうこうは言えないんですが、でも一方で、フリーランスなぶん、ものすごくたくさんの会社の方と取引をするので、各プロジェクトごとに上司、部下みたいな関係性になること自体は多々あります。

そういう経験をベースにお話しさせていただくと、相手の方が「良かれと思って言っているな」ということを感じる場合は、「ぼくはあなたのその発言に傷ついている。そのせいで、いまのままだと最大限の力を発揮できないから、あなたの役に立てないのが悔しい」という話をします。

そのときに気にしているポイントは、「主語」を入れることですね。「私」はこう感じていると。その想いを伝えるというか。おそらく、先ほどの上司の方は、「お前はこうだ」と決めつけているということは、主語が自分ではなく「あなた」ということなんだと思うんです。

ただ、今日ずっとお話ししてきたように、プレゼンというか対話というのは、「私」と「あなた」の連続なんですよね。ところが、「お前はこうだ」とか「そういうあなただってこうでしょ」みたいな感じで対話が進むと、「あなたとあなた」の繰り返しで、平行線を辿るしかなくなる危険性があると思うんです。ですから、「お前」とか「あなた」という風に言葉を投げられたときには、「私」という眼差しと角度で意思表示をすることが実はとても重要だと思います。ひとって、相手のひとから「私は」と言われたときに初めて、相手の視点から物を見るきっかけが得られると思いますし、そのときにようやく「眼差しの転換」を意識したり、「認知」できたりもすると思うんです。

で、そういう瞬間こそが、実は「転調」が生み出される瞬間でもあるんじゃないかと。だから夫婦ゲンカなんかのときもそうなんですけど、「あなたのその言い方やめてくれない!?」「そういうお前だって!」みたいなことを言っていると火に油を注ぐことにしかならない。

むしろ「私は傷ついてるんです！」と伝えることこそが実は重要なんです。

人間は相手を変えようとする生き物です。でも、だからこそ苦しむんだと思います。どうして思いどおりの態度を示してくれないんだ！　とか、どうして分かってくれないんだ！　とか、そういう風に感じると苦しいですよね。要は視点が主観的だから辛いんです。主観的だと自分の感情に溺れやすくなる。だから辛い。「好き、嫌いゲーム」と同じです。だからこそ「私が困ってます」「私が傷ついてます」とハッキリ言ってしまう。そうすると、相手にとっては初めて相手を、つまりあなたという存在を意識するきっかけになる。実はこれ、会社組織だけじゃなくて、すべての人間関係に共通している要素な気はしますね。

観客H　ありがとうございます。

三宅　では、質問がある方。会場の時間の関係で、あとおふたりだけだそうです。では先に、そちらの方。すみません。

Q　自分らしさを意識すると、マイナス面ばかり見てしまう

観客I　ちょっと自分の中で、まだうまく説明ができなくて恐縮なんですが、自分らしさというところと向き合おうとしたとき、それが自分の殻というか、逆に内に閉じこもるマイナス面ということに表裏一体みたいな感じになってしまって、突き詰めていくと今度はマイナスの面が見えてきたりとかするので、どこでその線引きをすればいいといいますか、変え方といいますか……。

三宅　なるほど。ぼくの例でいいですか？　その前に、ご自分らしさというときに思い出す「ご自分らしさ」というものは、何歳ぐらいのときから始まってるものですか？

観客I　やはり小・中・高ぐらいのときぐらいです。

三宅　ということとは、学校組織に所属してからの、規律の影響が大きいかもしれませんね。そうしたら5歳の頃のことを思い出してみてください。まだ組織立った生活を始める前の、つまり小学校に入る前の、社会的な規律の概念を理解する以前の「物事に対して反応していた思考の流れ」が、本当は「自分」らしいんじゃないかとぼくは思っています。小学校、中学校、高校と進んでいく中で、「ひとと違うことをするとダメ」とか「こうしなさい」「こうあるべき」と言われ続けると、いつしか「事が起きる前」から「こうしなきゃいけない」という予測を立てて行動するようになって、殻がどんどん作られていくと思うんですね。もちろん、そういう習慣を手に入れることで、社会性が身につくとは思うんですが、ちょっと危険なのは、「後天的に身についただけの、後付けの思考」がいつの間にか「私の原点だ」と思い込んでしまったりする。つまり、話がすり替わってしまう傾向がある。

でも、ひとって別に小学校1年生からこの世に存在してるわけじゃないんですよね。その前があるんです。

『アナと雪の女王』のエルサもそうじゃないですか。彼女も5歳ぐらいの頃は「私、雪女なんです。氷でいろんなもの作れます」と自分の個性を認めていた。雪女であることが彼女のチャームポイントだった。妹も喜んでいるし、良かれと思って遊んでたら、ちょっと油断があって、妹が氷で滑って頭をぶつけてしまってえらいことになった、と。まぁ、そういうこともあるよねとは思うんですけど、でも親が「お前のその雪女な部分がダメなんだ。封印しろ！」と。エルサからしたら「そっか……私の雪女能力はダメなんだ」と思い込まされる。で、引きこもる。そうしたら心の時間が止まったまま、幾年月が過ぎていき、一方では何も知らない神田沙也加《かんださやか》が楽しそうに歌っているぞと。それで「ああもう無理、限界」となって、ブチッとなったときに、雪女能力が炸裂して、パーティーが氷まみれになる。で、脱獄すると。脱獄じゃないですけど(笑)。とにかく「やってられない」と。で、逃げた先の山は最初は暗かったけど、歌っているうちに雪女能力で階段やら城やらできてきて、「あれ？　少しも寒くないわ」みたいな話になりましたという。かなり大ざっぱな要約ですけど(笑)。あれって結局､規律の下で作られた｢私らしさ」を疑って、5歳の頃まで戻ってみたら、自分の個性は雪女だということが分かりました、という考え方だと、ぼくは思うんですよね。

要するに「わたくし」というものが元来持っていたはずの渇望や欲望は何だったでしょうか、という。

ちなみにぼくの場合は、5歳の、つまり幼稚園のときには、例えばクラスの子がちょっと今日体調悪いんじゃないかというのは、先生よりも確実に早く気づいてたんです。だから先にその子のほうに行ってケアをしたりということをやっていました。幼稚園の頃には、それを咎めるひとは誰もいなかったんですね。むしろ喜ばれていました。

ところが、小学校に入ったら先生から「それはダメだ」と言われたんです。朝礼で具合が悪くなりそうな子に気づいて駆け寄ると「隊列を乱すな」「余計なことをするな」「なんで他のひとと違うこととするんだ」と言うわけです。「だって、××ちゃんの具合が」と言っても、実際にはまだその子は吐いたり、倒れたりしてないから、信じてくれない。でも、ぼくからすると、間もなくその子が吐くのも倒れるのも分かる。そうすると先生は「ウソつけ！」と。「そんなもの見えるわけないでしょう？」みたいなことを言うわけです。

でもねぇ、と思うわけですよ。こちとら幽霊が見える子ですぜ、と（笑）。死んだひととの心が見えるんだから、生きてる子の心の変化くらい分かるわ、と思うわけですけど、とにかく信じない。目に見えないものは存在しないかのように信じようとしない。納得はいかないわけですが、むこうは教員という権力者なので黙るしかない。

それでだんだん「ああ、自分はダメなんだ。自分の感じ方は間違ってるんだ」と思うようになっていった。そのうち、心の中で思ってることがあっても、口にしたり、行動を起こさないひとになっていった。それが三宅隆太という人間だと、それが自分らしいキャラクターだと思うようになっていったんです。でも、よく考えると、それって後天的に植えつけられた「自分らしさ」でしかないんですよね。でも、すっかり「こういうのが自分」という風に思い込んでしまったわけです。

ところが、フリーランスで仕事をするようになってから、逆に5歳の頃の、幼稚園のヒヨコ組だった頃のアプローチに戻してみたんです。小・中・高の記憶を1回全部シャットアウトして。つまり、思ったことや気づいたことを口にするという選択をしたり、行動に置き換えたりするようにしてみたわけです。そうしたら、仕事が途切れずに回るようになりました。

5歳の頃の「ありのまま」のスタンスに戻したら、打ち合わせの席や制作現場で、自分が思ってることをうまく伝えられない状態にいて苦しんでいるひとを助けることができるようになったんです。これってつまり、自己開示が連鎖してる状態なんですよね。

で、面白いことに、自分に正直になったことで、合わないひとは離れていって、合うひととの出会いが増えました。それまで無理して付き合っていたひととの繋がりが断ち切れて楽になりましたし、新しい関係性が生まれる機会が多くなって、楽しいと感じる時間も増えたんです。この「5歳の頃を思い出してみる」という考え方。個人差はあるでしょうけど、もしかしたら自分らしさとか、着想とか自己開示に通じるヒントになるかもしれないので、もし、何かの参考にしていただければと思います。短時間では答えが出ないかもしれないですが。

観客I　ありがとうございます。

三宅　すみません。お待たせしました。最後の方どうぞ。

Q『タマフル』が終わるとしたら……どんな後番組が聴いてみたい？

観客J　これはちょっとプレゼンとは離れますけども、先月「『タマフル』の後番組はどうするか」(*4)という特集がありまして、三宅さんの『タマフル』愛として、もし後番組があるなら、どのように考えてるのかなと思いまして。

三宅　後番組ってどのぐらいリアルな話なんですか。ギャグだったんですか？

観客J　今日は古川さんもいるので、ぜひ訊いてみたいなと。

三宅　古川さん、後番組って『タマフル』が終わるっていうイメージですか。

古川　番組が終わるというのはあくまでフェイクで、後番組をやるとしたらどんなのがいいでしょうかということを、皆さんから公募したという。

三宅　ああ、なるほど。『タマフル』が終わる……うーん……考えたこともないですね。これはでも、すごく重要なことなんですけど、いまの「番組が終わる」というネタ。実を言うと、初耳なんです。

つまり白状すると、最近では『タマフル』を聴き忘れてしまう日もある、ということなんです。これってぼくを救ってくれた『タマフル』に対して、とても失礼なことかもしれないと思うんですが、一方で、実はちょっと嬉しいといいますか、逆にご恩返しのような気もしていて。というのも、ぼくはいま、あの当時ほど『タマフル』に救われていないんですね。これは『タマフル』が悪いんじゃなくて、あの頃の『タマフル』と過ごした日々のおかげで、現在は『タマフル』に依存しなくても生きていけるようになった、ということなんです。

昔は、『タマフル』を録音し忘れたら発狂しそうになっていたんですよ。救われてもいましたけど、依存もしていた証拠だと思います。実際『タマフル』を録るために、ラジオチューナーを3台も買ったんですよ。あとＡＭがステレオになって聴こえるものとか、いろいろと買ったんですけど、いまそういうのは埃をかぶっていて。なんとなく『タマフル』愛がなくなったような感じに見えるかもしれないですけど、そうではないんですよね。『タマフル』の存在が、もっと自然なものになったといいますか。恋愛感情は薄れてきたんですけど、結婚して夫婦になったような感じといいますか。

なので、『タマフル』が終わって後番組が、って聴いても……これ、ネタですよね？　真面目な話じゃないのに真面目に答えると、また空気を読んでないって言われるかもしれないですけど（笑）。

でも、もし、そうなったとしても『タマフル』は終わってないんじゃないかといいますか。

要するに、ぼくにとっての『ジョーズ』みたいな存在になるんじゃないかと思うんです。ぼくは『ジョーズ』を１７９回観ているんです。つまり大好きな映画ってことなんですけど、でも多分『ジョーズ』は、もう要らないんですよ。もう観なくても大丈夫なんです。愛してるのは事実で変わらないんですけど。いいんですよ、『ジョーズ』はもう観なくて。だって、『ジョーズ』はもう、ぼくの「ここ（心の中）」にいるから。要するに心霊ですよね。サメだけど（笑）。そういう意味では、『タマフル』も心霊ですね。特別ではなく、ごく自然な存在として、心の中にいるラジオ番組です。

あとは後番組のタイトルに関してですが。くだらないことを言うと、続編のいびつさがぼくは大好きなので『タマフル2』とか、そういう、劣化してる感じみたいのを……ダメな続編に対する「劣化愛」みたいのがあるので……そういう番組がいいかなと思います。

観客J ありがとうございます。

三宅 はい、ありがとうございました……あ、いや、いまのはダメですね。ちょっと面白いことを言って終わりにしようとか考えちゃいました。何かを伝えたいというより、ただ『タマフル2』って言いたいだけでしたね。こういうのは悪いプレゼンです。反面教師にしてください（笑）。

【注】

*1……「カニと修造理論」　２００９年9月19日に『タマフル』のコーナー「サタデーナイ

ト・ラボ」で放送された、三宅隆太出演の特集「〈シリーズ〝エンドロールに出ない仕事人〟第1弾〉スクリプトドクターというお仕事」で披露されたエピソード。例えば『くいしん坊！万才』（フジテレビ系）で、松岡修造が美味しそうにカニを食べるシーン。しかしそのカニにも大切な家族がいるというエピソードが食べるシーンの直前に挿入されると、観客はカニに感情移入してしまい、美味しそうだったカニが可哀想となり、同じシチュエーションでも見え方が180度変わってしまうことを表現した。

*2……若松孝二　映画監督、映画プロデューサー、脚本家。1963年『甘い罠』で監督デビュー。数多くのピンク映画を手がけ「ピンク映画の巨匠」と称される。その後、一般映画に進出し、監督作品として『水のないプール』『われに撃つ用意あり』『実録・連合赤軍 あさま山荘への道程』『キャタピラー』などがある。大島渚監督の『愛のコリーダ』のプロデューサーとしても知られている。

*3……『七つまでは神のうち』　2011年8月公開の映画。監督・脚本／三宅隆太。主演／日南響子、飛鳥凛、藤本七海。2011年8月に、三宅隆太著による同名タイトルの原作小説もSDPより刊行された。

*4……「『タマフル』の後番組はどうするか」　2017年4月8日に放送された『タマフル』の特集「タマフル後番組 オーディション」のこと。いつか番組が終わってしまう未来に備えて、この時間枠が空いたら、どんな番組がふさわしいのかを募集した企画。

おわりに

最後までお読みいただき、ありがとうございました。

ぼくのしゃべりのクセがそのまま残されているため、話があっちにいったりこっちにいったりしがちで、読みづらかったり分かりにくく感じられる部分もあったかと思いますが、何卒お許しください。


ところでイベント終了後に、参加されていた方から個別のご質問をいくつか受けました。皆さんシャイな方のようで、質疑応答のコーナーでは挙手できなかったとのこと。どの方も申し訳なさそうな顔をされていたのが印象的でした。

でも、そういった自己の想いを開示してくださり、実際に直接質問していただけたわけですから、何の問題もありませんし、何よりぼくとしてはとても嬉しく感じています。

ご質問の内容は多岐にわたりました。今回の講義のモチーフである『タマフル』に関すること、ぼくの本業である映画監督の仕事や脚本術にまつわること、また副業のカウンセリングや教育について……等々。密度の濃い質問が多く、興味深い対話にもなったのですが、紙面の都合で個々のやりとりをご紹介できないのがとても残念です。

そんな中、最も印象に残っているのは、若い女性の方（仮にAさんとしましょう）からの「どうすれば三宅さんみたいに、自信が持てるようになりますか？」というご質問でした。

この問いには心底びっくりしました。ぼくは生まれてこのかた「自分が自信を持っていると感じたこと」など一度もありませんし、講義中も自信を持って話しているという感覚はまったくなかったからです。ですが、Aさん曰く「とてもそうは見えなかった」とのこと。

どうしてそうは見えなかったのでしょう？　あまりにも驚いたので、ぼくのほうから逆に質問をしました。Aさんは、ご自分が「対人関係が苦手なことがコンプレックス」だとしたうえで、「三宅さんには、そのようなコンプレックスがないように感じたからではないか」とおっしゃいました。

Aさんは大変な誤解をされています。ぼくは対人関係に強いコンプレックスを抱いています。むしろコンプレックスの塊と言ってもいいくらいです。

特に「大勢で大きな声を出して盛り上がることが良しとされている場面」はとても苦手です。例えば、映画やテレビドラマの打ち上げの席。居酒屋などでどんちゃん騒ぎが始まると、いつも居心地の悪い思いをしますし、二次会でカラオケなんかに行った日にはもう最悪です。ただし、撮影の間苦楽を共にしてきたスタッフやキャストの皆が楽しそうにしている様を見ているのは大好きなので、打ち上げにもカラオケにもいつも喜んで参加します。

そういう場で、ぼくがどのように過ごしているかというと、場の中心で目立つようなことはせず、端っこの席でスタッフやキャストの誰かと一対一で静かに真面目な話をしています。

映画やテレビドラマの制作現場には体育会系のひとが多いので、ぼくの態度は「ノリが悪い」とされてしまいがちですし、「この場を楽しんでいない」と決めつけられてしまうことも多々あります。でも、そうじゃないんですよね。むしろとても楽しんでいます。

他人が騒いだりハシャいだりする場が嫌いなのではなく、自分がそういう行動を取るのが苦手なだけなのです。子供の頃から、静かに真面目な話をすることを楽しいと感じてしまうんですね。

「そんなんじゃあ、ストレスが発散できないでしょう?」と言われることもあるんですが、ぼくの場合、大きな声で騒ぐほうがストレスを感じてしまう。むしろ、静かに真面目な話をするほうがよほどストレスが発散できる「と感じる」というのが正直なところです。

初めてご一緒するスタッフやキャストは戸惑うようで、「シケた顔してないで(シケた顔なんてしていないつもりなのですが)、もっと盛り上がりましょうよ!」と声をかけてきたり、カラオケを歌うよう強要してきたりしますが、正直言って勘弁してほしいといつも感じています。

一方、長年付き合いのあるスタッフやキャストは、「あのひとはああいうひとだから」と受け入れてくれているので、むしろほっとかれます（笑）。

そういう状況で「うまいこと立ち振る舞うことができないこと」にコンプレックスがあるのは事実ですが、無理して変える気もない（若い頃は変えようとして大失敗したこともある）ので、ほっとかれるほうがありがたいと感じています。

そんな話を伝えると、Aさんはご自身のコンプレックスについて話し始めました。ぼくが自己開示をしたからなのでしょう。彼女の自己開示も連鎖されていったのだと思います。

Aさんは「いまの自分が嫌い」で「そんな自分を変えたい」と願っているとのこと。しかし、よくよくお話を伺っていると、「自分を変えたい」という気持ちに、むしろとても苦しめられているようにも見えます。

というのも、Aさんは「自分を変えたい、変えたい」と言いつつも、そう願っている時間を過ごすばかりで、実際の行動はあまり取っていないようでした。

ぼくは、彼女が「自らの変化を、本当に心から望んではいないのではないか」という気がしてきました。もしかしたらAさんは、「ないものねだり」をしているだけで、「あるものさがし」

をしていないのかもしれません。

卑近な例で申し訳ないのですが、ぼくは子供の頃から「英語が話せるひと」をうらやましいと感じることが時々あります。街中やテレビの中で英語をペラペラと話し、積極的に外国人とコミュニケーションを取ったり、頻繁に外国旅行をし、その国の文化を肌で感じ取ったりしているひとの姿を見ると、「わぁ、いいなぁ。自分もこういう人生を送れたら豊かだろうなぁ……」と思うのです。

ですが、未だに一向に話せません。理由は単純です。「英語を話せない自分」から「英語を話せる自分」へと変化・成長するための選択や行動を一切していないからです。

英会話学校に通おうとせず、外国人の友人を作ろうともせず、スピードラーニングの類いに挑戦することもなく、NHKの英会話番組の録画すらしない。

そんな生活を繰り返していて英語が話せるようになるはずがありません。そこまで分かっているなら具体的な選択をしたり、行動したりすればいいじゃないかと自分でも思うわけですが、どうにも実行に移さない。

おそらくこれは、ぼくが実はそれほど「英語が話せるようになりたい」と望んではいないからなのではないか、と思います。要するに、普段はすっかり忘れているにもかかわらず、何かの拍子にふいに思い出しては「英語が話せたらいいなぁ」と都合よく憧れているだけなのです。

もし、本当に変わることを望んでいたら、居ても立ってもいられずに行動するはずですし、その行為自体に「無理をしている感覚」を抱かないでしょうから、苦しみも感じないはずです。でも、実行しない。現状を変えようとしない。

ということは、少なくとも現時点では、三宅隆太が「英語が話せるひとになる」のは、ほぼ不可能です。

だからといって、この先一生無理なのかというと、それは分かりません。

ひとは変わるからです。いまは無理なことでもいつかは可能になるかもしれない。

例えば5歳の頃、ぼくは自分が泳げるようになるとは夢にも思っていませんでしたし、自転車に乗れるようになることも想像できませんでした。

それらが自分にとって本当に必要なことだったり、心から望むことへと変化したとき、初めて道は開かれるのではないかと思います。

そして、不思議なことに、できないと思っていたことが「無理をせず、ごく自然にできるようになったとき」、それまでの「実現に向けて悩んでいた感覚や苦しみの記憶」は忘れてしまうものです。

すでに特別なことではなく、普通のことへと変化するからかもしれません。

Aさんがご自分を変えることができず、苦しみを感じている最大の理由は、おそらく「自分が変化できないのではないか、という不安」と「失敗したら、さらに苦手意識に苦しむのではないか」という「恐怖心」なのではないかと思います。

もしそうなら、実は根の深い問題です。

ひとは自分が立っている場所を「点」のように捉えると、それまで自分が歩んできた道の前方も後方も見えづらくなり、不安を感じるものです。

何が原因でいまという結果に至ったのか？　その結果を新たな原因として解釈したら、どうなるのか？　そこに着目できれば、今度は「どのように行動すれば新たな別の結果が得られるだろう？」といった興味や好奇心を抱きやすくなる。

このプロセスは、脚本家が物語を紡ぐ感覚と近いものがある気がします。

実際、ひとの人生と物語の構造とは、切っても切れない関係にあります。

ぼくの知る限り、自らの人生をひとつの物語として捉え直すことができれば、いまいる場所を「点」ではなく、「線の一部」として認識することが可能になります。

Aさんに対して、というよりも、Aさんのような「感じ方」をしているひとに対して、何かできることはないか？　何か伝えられることはないか？　とも思うのですが、これ以上この話題を掘り下げるには、あまりにも紙面が足りません。

どこか別の機会に、改めてご呈示できたらと思います。


いずれにせよ、いまの自分が嫌いとか、いまの自分じゃ嫌だ、と感じて苦しんでいるひとの多くは、「こんなひとになりたい」という理想像を抱いている可能性があります。

しかし、それはあなたの道ではなく、誰か他のひとが辿った道でしかありません。

大切なのは「ないものねだり」をするのではなく、「あるものさがし」をすること。

他人の理想像を捨て、自分の道を素直に歩くことさえできれば、生きるのはもっとラクになるはずです。


そのために必要なのが自己開示ではないかと、ぼくは考えています。

自己開示をすると、相手のリアクションを得ることができるので、他者との関係性が進展します。同時に、自らを客観視することも可能になります。

例えば、着たい服と似合う服は残念ながらなかなか一致しないものですが、似合う服というのは、なにしろ似合っているわけですから、それだけで十分あなたをチャーミングに輝かせるはずです。

対人関係にコンプレックスを抱き、ひととの対話やプレゼンが苦手で、もっとうまくなりたいというひとは、自分に似合うプレゼンを探せばいいだけだと思います。

いずれにせよ、自己開示をすることで気づくことは多々あります。

まぁ、恥もかきますけどね（笑）。でも、恥をかくことってそんなに悪いことなのでしょうか？　恥をかくのも生きているからこそできることです。恥をかく時間も、人生の楽しみのひとつとして味わってみると、得るものも多いように感じるのですが、いかがでしょうか。

まずは、今回の書籍を通じて「自分はなぜプレゼンや対話を苦手と感じてしまうのか？」「どうすれば〈自分らしいプレゼンや対話〉ができるようになるだろうか？」「そもそも自分はどういう思考の持ち主で、どういう状態に身を置くことで自分らしくいられるんだろうか？」等々、そんなことを考えたり、思いを巡らせるきっかけにしていただけたら嬉しく思います。

このたびは最後までお読みいただき、本当にありがとうございました。
またどこか別の機会に、お会いできるのを楽しみにしています。

２０１７年　初秋

三宅隆太

三宅隆太（みやけ・りゅうた）

脚本家・映画監督・スクリプトドクター・心理カウンセラー。

主な作品に、映画『ホワイトリリー』『劇場霊』『クロユリ団地』『七つまでは神のうち』『呪怨 白い老女』、テレビドラマ『デッドストック～未知への挑戦～』『ほんとにあった怖い話』『世にも奇妙な物語』など多数。

著書に『スクリプトドクターの脚本教室・初級篇』『スクリプトドクターの脚本教室・中級篇』（新書館）、『これ、なんで劇場公開しなかったんですか？～スクリプトドクターが教える未公開映画の愉しみ方～』（誠文堂新光社）などがある。

日本では数少ない「スクリプトドクター」として、国内外の映画企画に多数参加。

東京藝術大学大学院や各種大学、シナリオ学校などで講師も務める。

DIALOGUE BOOKS

DIALOGUE BOOKS

DIALOGUE BOOKS（ダイアローグ・ブックス）は、本書のために開催された講義・対談を書籍化するシリーズです。

講義や対談をする人の声や熱量を、会場という限られた空間からより多くの人たちに素速く届けたいという想いから生まれました。
「DIALOGUE（ダイアローグ）」とは「対話」という意味です。講義中の出演者とお客さんとの「対話」、出演者同士の「対話」はもちろん、現場の空気感やライブ感などもすべてが「対話」です。そしてこの本自体が、本書を手にとってくれた皆さんとの「対話」でもあります。

少人数での語らいが時空を超え、より大きな「対話」へと繋がっていく。その積み重ねこそが新たな未来を創っていくと、わたしたちは信じています。
本でもありライブでもある、少し変わった新しいスタイルの本シリーズをどうぞお楽しみ下さい。

DIALOGUE BOOKS

スクリプトドクターのプレゼンテーション術

発行日　2017年10月27日　第1刷発行

著　者　三宅隆太

企画・編集　古川 耕、中村孝司（スモールライト）
装　丁　芥 陽子
イラスト　とんぼせんせい
編集協力　室井順子+三浦修一（スモールライト）
校　正　芳賀惠子
営　業　藤井敏之（スモールライト）
協　力　TBSラジオ『ライムスター宇多丸のウィークエンド・シャッフル』
株式会社スタープレイヤーズ
SPECIAL THANKS　木村綾子（本屋 B&B）

発行者　中村孝司
発行所　スモール出版
〒164-0003 東京都中野区東中野1-57-8　辻沢ビル地下1階
株式会社スモールライト
電 話　03-5338-2360　FAX　03-5338-2361
e-mail　books@small-light.com
URL　http://www.small-light.com/books/
振 替　00120-3-392156

印刷・製本　中央精版印刷株式会社

Printed in Japan　ISBN978-4-905158-48-6